見えない指導を可視化する

教師行動力

きょうしこうどうりょく

振る舞いひとつで、子どもの反応は大きく変わる！

田屋裕貴［著］

東洋館出版社

はじめに

あの先生の授業はおもしろい。
この先生の学級経営はすばらしい。

教育現場ではこんな言葉をよく耳にします。私もそんな先生が指導する様子を目にしては、〝たしかにすごいなぁ〟と感心させられていました。

そこで（教師になったばかりのころは）よくまねをしていたのですが、ちっともうまくいきません。〝ちゃんと同じようにしているはずなのに、なぜなんだろう〟と首をひねっていました。

その理由に思い至ったのは、それから何年かしてからのことですが、気づいてみると、身も蓋もないことでした。私は田屋裕貴という教師であって、「この先生」でもなければ、「あの先生」でもなかったのです。要するに、「うまくいかないのは、私はその先生ではなかったから」にほかなりません。

なんだか当たり前すぎて「なにを大層に言っているの？」と思われそうですが、私にとってこの気づきはきわめて重要でした。なぜなら、「なにが、その先生の授業や学級をよりよいものにしているか」のヒントを与えてくれるものだったからです。

端的に言えば、次のとおりです。

授業も学級も、その教師が日々行っている振る舞いに多大な影響を受ける。

私たち教師の仕事は、（学業面であれ生活面であれ）子どもたちと日々かかわることです。そのため、「どうすれば『子どもたち』（という存在）とよい関係を築けるか」という視点をもちます。それ自体（「どうすれば」という課題意識をもつこと）は大切なのですが、気をつけていないと、次の落とし穴にはまることがあります。

- 自分が受けもつ子どもは、毎年まったく異なる個性をもった存在なのに、十把一絡げにして「子どもとは○○だ」などといった固定観念をもってしまう（発達段階ごとにおよそ共通する特徴はあります。後述します）。
- この固定観念にとらわれると、これまでうまくいった指導に固執してしまい、うまくいかないことがあると、子どものせいにしてしまう（自分の振る舞いを脇に置いてしまう）。

（言うまでもなく）去年受けもった子どもたちと、今年受けもった子どもたちは、まったくの別人です。たとえもち上がりの学級であったとしても、異なる存在だとみなしたほうが賢明です。それくらい（とくに小学校段階では）身も心も恐ろしく成長が早い（日々変化していく）存在だからです。

そのような流動的で個別的な存在とかかわるのが私たち教師です。では、具体的にどうすればよいのでしょうか。それが、**教師の振る舞いを自覚的にコントロールしながら、そのときどきの子どもたちの状況にアジャストさせる**ことです。

現代は情報化社会です。都市部の大型書店に立ち寄れば、どの教科のどんな内容の書籍も豊富に並べられています。そのなかから自分の課題解決に役立ちそうな書籍を購入し、自分の血肉に変えていくことはすばらしいことです（本書もその一助になったらうれしく思います）。

ただ、（書籍にせよ動画にせよ）そこに登場する教師の所作のみをクローズアップした（現実の子ども不在の）ハウツーにとらわれると、うまくいくはずのこともそうでなくなってしまいます。書かれている内容がどれだけすばらしくとも、そのまままねをしたところで、期待するほどの効果は得られないはずです。これは、冒頭で紹介した授業参観もそうだし、教材動画などでもそうです。

教師も子どもたちと同じように喜怒哀楽をもった人間です。大人と子ども、指導する側と指導される側といった立場の違いはあっても、人間同士が行うのが学校教育です。そうした場で、（どれだけ世間の評判がよかったとしても）モデルだよりの指導では、たとえなにかがうまくいったかのように見えても、一時的・限定的なものにとどまるでしょう。

こうしたことから、**教師自身が驚いたり、喜んだり、考え込んだり、悩んだりするといった人間性豊かな、子どもたちにとって望ましいその教師の振る舞いこそが、授業と学級のベースをつくる**と考えるに至ったわけです。

ただし、一口に教師の振る舞いといっても、プラスにはたらくものもあれば、マイナスにはたらくものもあります。そこで、前者の考え方と方法をみなさんに伝えたいと考え、本書を上梓しました。

話は変わりますが、私自身、高学年を担任することが多いこともあって感じていることがあります。それは、「成長の途上にあって、子どもでありながら、どこか大人っぽさを感じられる」ことです。

いつのまにか敬語を使いこなせるようになっていたり、ユーモアを交えながら話せるようになっていたりするなど、周囲の大人との距離感や関係性の変化をもたらす大人っぽさです。

私の学級であれば、こんな他愛のない会話が日常的にあります。

「ん？　いま私の顔を見て笑ったでしょ！　なんかヘン顔してた？」

「いやいや、違いますって！　先生ちょっと待ってよ」

「そうそう、先生の顔がかっこよすぎて、つい笑っちゃったんですよ！」

「ほう？　それって、ほんとうかなぁ」

ちょっとしたことですが、こんなユーモアを交えたコミュニケーションです。

彼らがそうできるようになった背景には、1年生のころから磨かれてきた感性、思考力があると思います。そこに経験が重なって〝こうしたら、もっとおもしろくなりそうだ〟とか、〝きっと前よりも盛り上がるだろう〟などと想像しながら言動を選択しているのでしょう。それは授業でも同じです。彼らの言動はときに、私の想像を越えます。

そして、もう一つ興味深いことがあります。それは、彼らの「大人っぽさ」は、高学年らしいむずかしさと表裏である点です。

高学年の子どもとはいえ、すでに10年以上生きています。その間に、たくさんの人と出会ってきたでしょう。そうした人々との関係を通じて自分自身の価値観を形成しながら日々を過ごしています。それ自体は、高学年の子どもに限らずだれしもそうなのですが、大人にはあまり見られない特徴を彼らはもっています。その一つが次です。

●他人と自分とを比べる指標が、優劣の意識に偏っていること。

世の中には、一方に対してもう一方が絶対的に優れているといった事柄などそうあるものではありません。むしろ白黒つけないほうがよい場合のほうが多いでしょう。しかし、このころの子どもたちは、右に挙げた指標にとらわれがちで、そうした目線で担任を見ています。そのため担任の先生は、たとえば板書する字のきれいさ、話のおもしろさ、運動能力の高さなど、子どもたちが「優」と考えている何者かと比べられながら1年間を過ごすことになります。

これは、いい悪いという話ではなく、ある意味では発達上自然なことなのですが、担任として「劣」を感じさせないようにするのは非常に骨が折れます。無理に演じてみても、どこかでボロが出るだろうし、そうかといってなにもしないというわけにもいかず、悩みをもっている先生方もいると思います。

それともう一つの特徴を挙げておきたいと思います。

●とても感じやすく、うれしいことに対しても、つらいことに対しても、過敏に反応すること（それを表に出す子もいれば、内面で抱え込む子もいる）。

いわゆる、思春期特有のメンタルです。担任のほうはまったく気にしていなかったのに、〝怒らせてしまったのではないか（そのことによって、自分がなにか不利益を被るのではないか）〟〝下手に自分の考えを言ったら恥ずかしい目に遭うのではないか〟といった不安感から、自分の行動を抑制しようとします。

右に挙げた特徴は、彼らが成長するうえで必要なステップですから、教師の思惑どおりに制御するのは得策ではありません。そうではなく、**彼らがそもそももっているありのままが、彼らにとって望ましい成長に向かうようにする**のです。それが、私たちの務めであり、教師の振る舞いだと考えています。

本書では教師の振る舞いを「教師行動力」と呼んでいます。とりわけ（前述した）高学年の子どもたち特有のおもしろさやむずかしさとどう接するかという点でとても有用な行動力です。本書は主に、6年生の子どもたちを想定しながら執筆していますが、「教師行動力」そのものは、どの学年にも応用可能です。

本書を通じて子どもとのかかわりがたのしみになる一助になりましたら幸いです。

令和6年5月吉日　相模原市立旭小学校教諭　田屋　裕貴

〈目次〉

第3章　子どもの存在感が際立つ授業をつくる

第4章 伸びしろを成長につなげるスモールSTEP指導

第5章　権威的先生と親和的先生との間にあるスキマをねらう

第6章

PDCA思考で学級をつくり、マルチユニット型で授業をつくる

第1章

教師の振る舞いについて知っておきたいこと

教師の意図的な振る舞い＝教師のセンス＝教師行動力

初任時代から、なんとなく違和感を覚えている言葉があります。

その代表格が「カリスマ教師」であり、「センスがある先生」です。といっても、指導性が高く、影響力があり、それでいて周囲への配慮を欠かさない教師に対して、批判的に思っているわけではありません。むしろ、そうした教師が高く評価されることはすばらしいことだし、自然なことです。

そもそも自ら「私はセンスがあり、カリスマ性をもっている」などと自称する教師はまずいないでしょう。そうした言葉を用いるのは周囲の人たちです。

当初は純粋な感嘆と賞賛の声だったはずです。その評判が同心円状に広がっていくうちに、「カリスマ」「センス」という言葉が一人歩きし、やがて好ましからざる先入観になってしまうこともあると思うのです。

もしかすると、〝自分もがんばっているけれど、あの先生のようにセンスはないから〟などと、自分の可能性に蓋をしてしまう（ある意味、思考停止してしまう）教師だっているかもしれません。さらに、保護者にまでその評判が浸透すると、「あの先生の学級でよかった」

（今年はアタリ）とか、「うちの子もそうだったらよかったのに…」（今年はハズレ）などといった声に変わることもあります。いわゆる「担任ガチャ」ですよね。

こうしたことに違和感を覚えるのです。

では、教師としての資質・能力は、このような周囲の評判によって決まってしまうのでしょうか。断じてそんなことはないと私は考えています。

「優秀な先生とはどのような存在なのか？」という問いへの答えは千差万別ですが、子どもや保護者が教師をどのように見ているかについては、一定の傾向があると思います。それを図示したのが**資料1**です。

まず、保護者が見ているのは教師の「指導力」であり、内面的特徴です。年度当初であれば、「この先生で本当に大丈夫か」といった「人間性」でしょう。その後、授業参観や行事

資料1

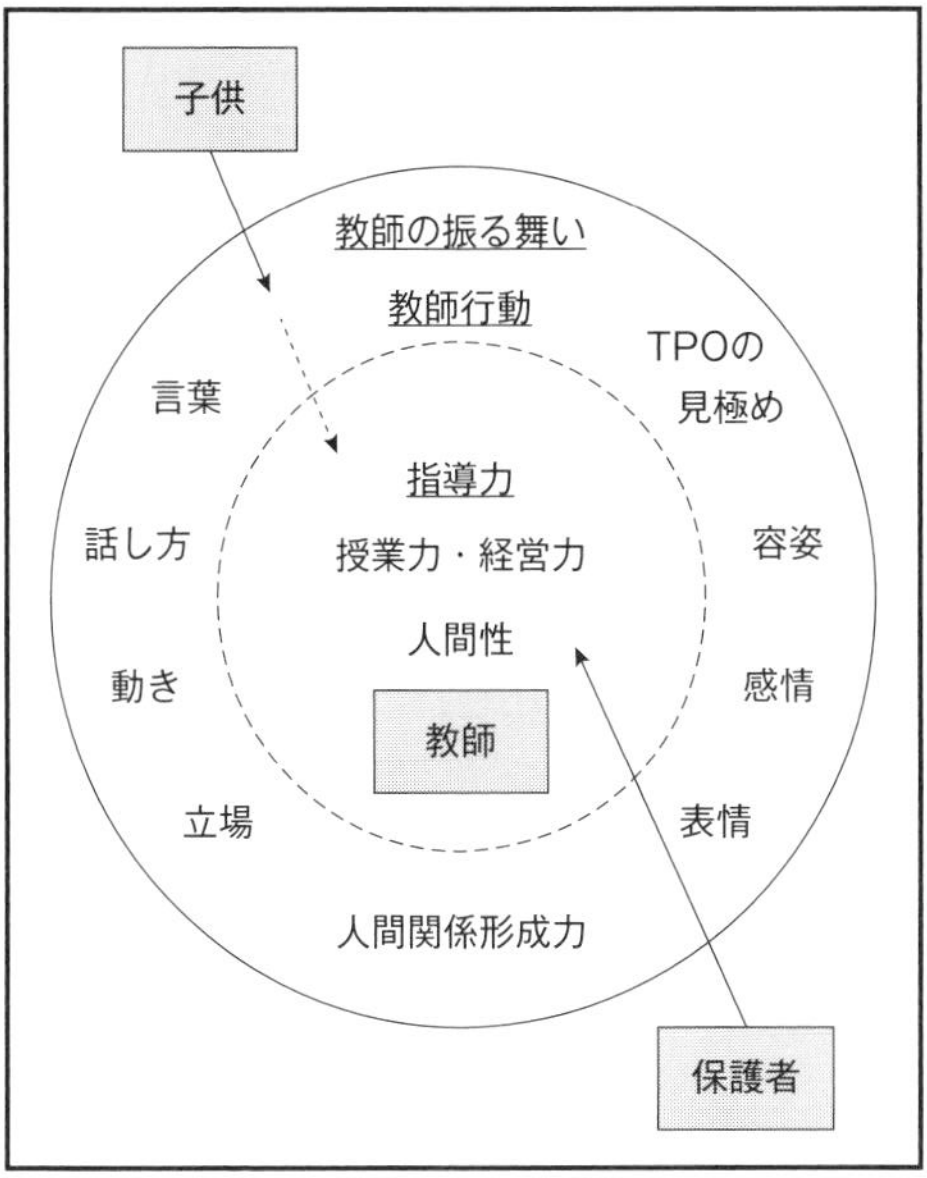

参加、面談等を通して「わが子が本当に安心・安全に過ごせているか」「勉強したことが身についているか」といった「授業力・経営力」に視点が移ります（**資料1**の内円部分）。

それに対して子どもたちが見ているのは主に「教師の振る舞い（教師行動）」であり、「どんなことを言うのか」「どんな姿をしているのか」「怖そうか、優しそうか」といった外面的特徴です（**資料1**の外円部分）。

とはいえ、子どもも教師の「指導力」をまったく見ていないわけではありません。ただ、その見方は間接的です。言うなれば、「教師の振る舞い（教師行動）」を通して「指導力」の有無を感じているといったところでしょうか（**資料1**で示した点線の矢印）。

そして、この教師の振る舞いが最初に問われるのが「学級開き」です。

教師の世界では黄金の3日間などとも言われるくらいですから、子どもとどう出会うかはとても重要です。子どもの第一印象がほぼ決まるといっても過言ではないからです。そのため私たち教師は4月当初、子どもたちに期待感と安心感をもってもらおうと明るく元気な声をかけます。

これはいわば、自分を望ましい担任だと子どもたちが認めてくれるか、（ある意味では）第1次審査を受けるようなものです。審査員である子どものほうは、不安感よりも期待感のほうが大きい時期でもあるので、（前年度に学級崩壊やいじめなどを経験した子どもたちでもない限り）およそ審査を通過させてくれるでしょう。

問題は第2次審査です。

そこで問われるのは、その教師の「授業力・経営力」だからです。いくら第1次審査で、この学級は「おもしろそうだ」「たのしそうだ」と期待感をもたせることができても、実が伴わなければ、「あれ、最初はおもしろそうだったのに…」「なんか、思っていたのと違う」「この先生ってずっと同じ感じ」「前の先生のほうがたのしかった」などと一転して教師に対する印象がネガティブになります。

子どもたちは本当に、教師の「話し方」「言葉遣い」「声の大きさ」「声の抑揚やテンポ」「目線」「表情」「見た目」「立ち位置」などをよく見ています。

といっても、ほとんどの子どもは「先生のことをよく観察しよう」などと自覚的に見ているわけではないと思います。そのときどき、たまたま目に入ったもののなかから、とりわけ印象に残った映像や感覚を瞬間的に記憶しているといった感じだと思います。

つまり、教師の全体像ではなく、あくまでも自分の気になった部分を見ているということです。そのため、自分が教師のなにを見たのか、なにを感じたのかに対しては（その時点では）割と無自覚で、教師が直接言葉にしたことだけが耳に残ります。

その後しばらくして、同じような教師の振る舞いを目にしたとします。するとその瞬間、過去の記憶と結びつき、（あたかも前からそうだったと言わんばかりに）「先生って、こういうとき、いつもこうだよね」と言い出します。そんなやりとりを繰り返すうちに、〝なるほど、先生ってこういう人なんだ〟と教師に対する印象を固めていきます。

このこと自体にいい・悪いがあるわけではありません。ただ、私が思うのは、**子どもは一度固めた教師への印象をあとから自分の意思で変えようとはしない**ということです。だからこそ、（第一印象も大切ですが）日々のなにげない教師の継続的な振る舞い（教師行動）が重要だと考えているのです。

公開授業で教師が発問し、子どもが発言する場面を例にしてみましょう。参観した先生方が着目するのは、「教師の発問内容や発問するタイミングは適切であったか」「子どもはどんな発言をしたのか」といったところでしょうか。

こうした視点も大切なことだと思います。ただ、私はそれ以上に重視していることがあります。それが、子どもたちに対して発問したとき、その教師はどのような振る舞いをしていたかです。

- どんな表情をしていたか。
- 声色はどうだったか。

●ゆっくり丁寧な口調だったか（あるいは、早口だったか）。
●目線はどこに向けられていたか。
●教室内のどこに立っていたか（あるいは、板書しながらか）　など。

「なにか気づいたことはありますか？」という発問ひとつにしても、ゆっくりと落ち着いた調子で問いかけるのと、軽快な調子で聞くのとでは、子どもの発言の仕方が変わります。それだけでなく、話し合いの展開まで変わることもあります。このことは、**教師の振る舞い次第で、子どもは行動を変える**ということを意味します。

言葉にすれば当たり前のことなのですが、見過ごされがちなことの一つだと思います。というのは、公開授業であればいざ知らず、普段の授業で自分がどのような振る舞いをしているかを知るのはとてもむずかしいことだからです。

実を言うと、私自身もそうです。無意識的に行っていることに気づくことは、ほぼ不可能です。

では、どうするか。単純な話です。「○○のような場面では、（△△の教育効果を期待して）□□の振る舞いをしよう」とあらかじめ決めておけばいいということです。そうであれば、容易に意識できます。しかも、その振る舞いによって子どもがどのような反応を示したのかを経験値として積み上げていくことができます。

実はこれが、私の考える「教師のセンス」の一つです。

優れた教師がなんとなく感覚的に行っている指導力もすばらしいと思いますが、「その気になればだれでも磨いていける意図的な振る舞い」を私はセンスだとみなしているわけです（この振る舞いをモノにするアプローチを、本書では「教師行動力」と呼んでいます）。

教師の振る舞い一つで変わる子どもの反応

教師としての一番の力の入れどころは授業です。

「導入ではどうやって惹きつけようか」
「課題意識をもたせるには、どんな手立てが必要か」
「中心発問はどうしようか」
「まとめではどんな姿を目指すか」

さまざまな視点から考えを巡らせます。

そのようにして考え抜いた末に行った授業で子どもたちが大ノリであれば、〝がんばってよかった！〟と達成感を味わえます。〝もっとよい授業にできるんじゃないか〟と、次の授業づくりへのモチベーションにもつながります。

それに対して、同じように考え抜いたにもかかわらず、子どもがノッてくれない授業もあります。どの子もみな退屈そうにしていると、授業の最中でも〝まずい、まずい、でもいったいなにがまずいんだ！〟と焦りが先行して授業が迷走します。いわば、「的をハズしてしまった授業」です。

授業後も引きずったままです。

〝さっきの授業はなんだったんだろう〟〝中心発問がズレていたのだろうか〟〝それとも、子どもたちの見取りが甘かったのか〟などと、次から次へとネガティブな考えが頭をもたげてきます。平素の授業ならいざ知らず、研究授業であれば何日も頭のなかでは堂々巡りで、心が折れそうになります。

教師になって間もないころは、「そうなってしまうのは、自分の授業力不足が原因だ」と決めつけていました。しかし、現在はそれとは違う考えをもっています。

たしかに、うまくいかなかったと反省したり、自分の課題について考えたりするのは大切です。けれど、次から次へと自分のできないこと・苦手なことばかり考えて、〝自分はだめなんだ、教師に向いていないかも〟などと思ってしまえば、建設的な考えにもっていくことがむずかしくなります。

うまくいかない理由を自分の授業技術にばかり求めていてもキリがありません（一朝一夕に上達するものではありませんから）。そこで、教師としての自分の振る舞いに目を向けてみます。

ここでは道徳科授業を例にして、同じように授業をしていても、教師の振る舞い一つで子どもの反応が変わる例を三つ紹介したいと思います。

■子どもに発言を促す振る舞いのパターン

［教材］手品師

［内容項目］正直、誠実

［導入］誠実な人ってどんな人ですか？

［教師がねらう子どもの姿］子どもたちが思う「誠実な人」を、真剣かつ自由気ままに発言する子ども。

［具体例］

・真面目そうな人　・正直な人　・ずるをしない人　・清潔そうな人

・きっちりした人　・譲る人　・他人を大切にする人　・約束を守る人　など

[パターン①]

定義を考えた発言＝真剣な表情×固い言葉遣い×答えを知っている聞き方

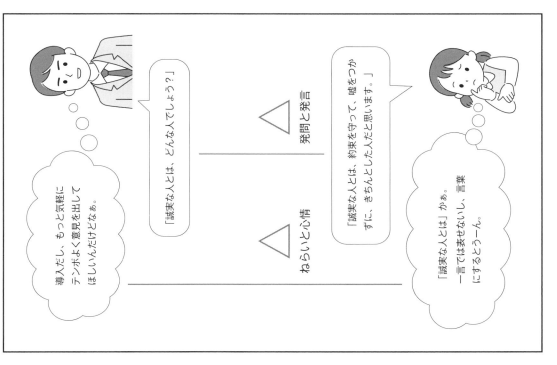

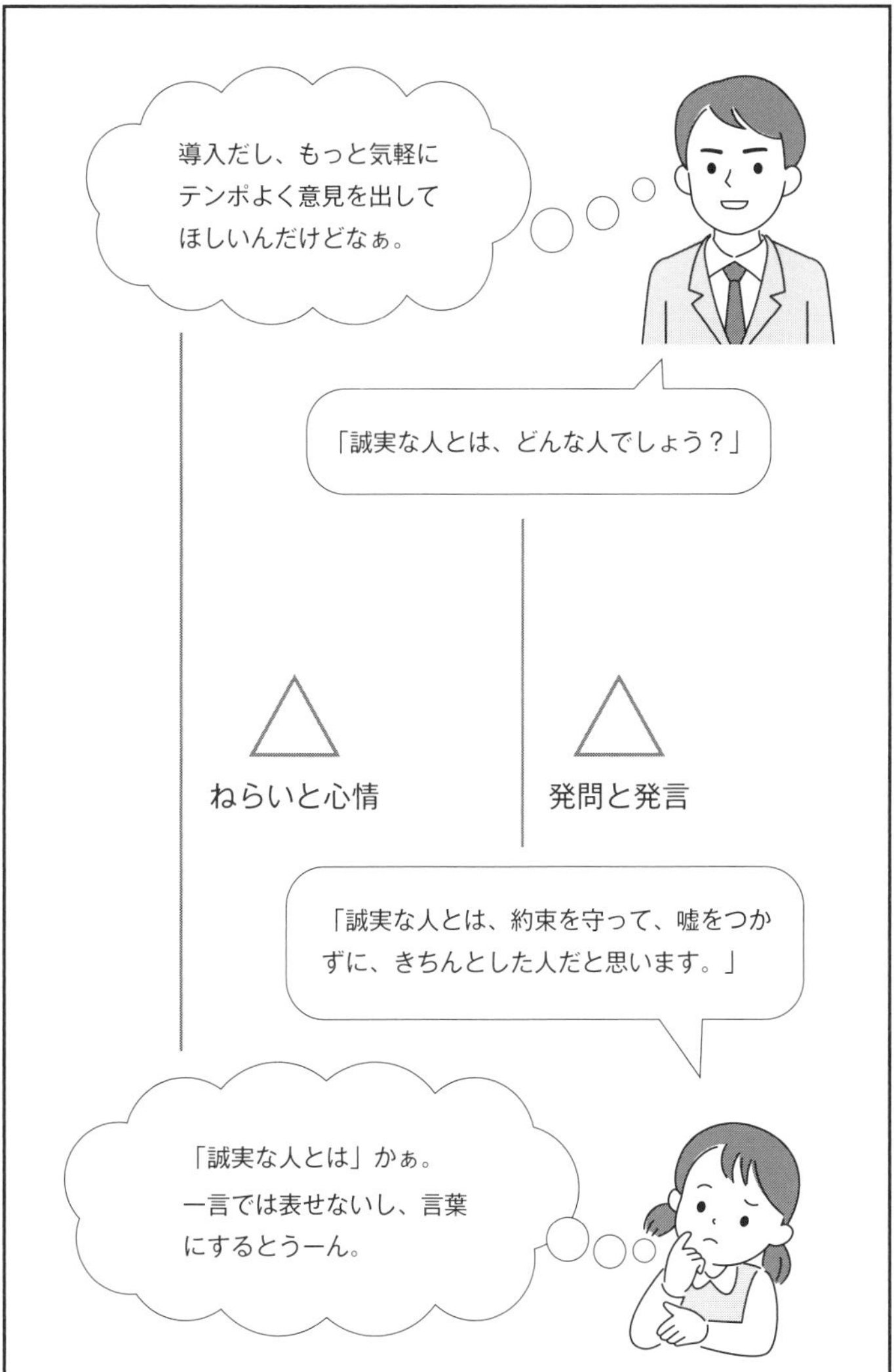

[パターン②]

自分の思いを発言＝柔らかな表情×崩した言葉遣い×答えを知らない聞き方

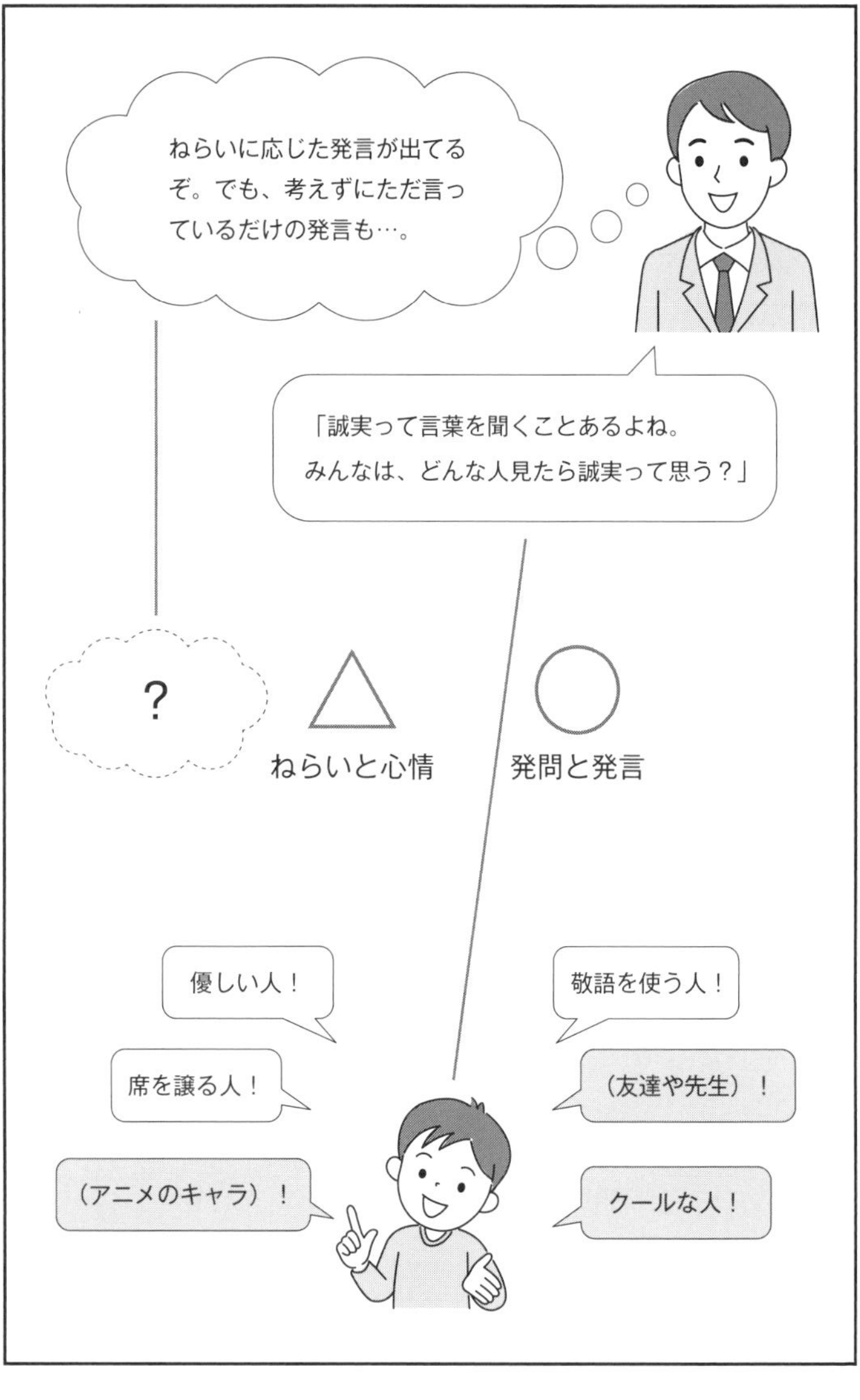

[パターン③]

思いを望ましく発言＝真剣な表情×ラフな言葉遣い×答えを知らない聞き方

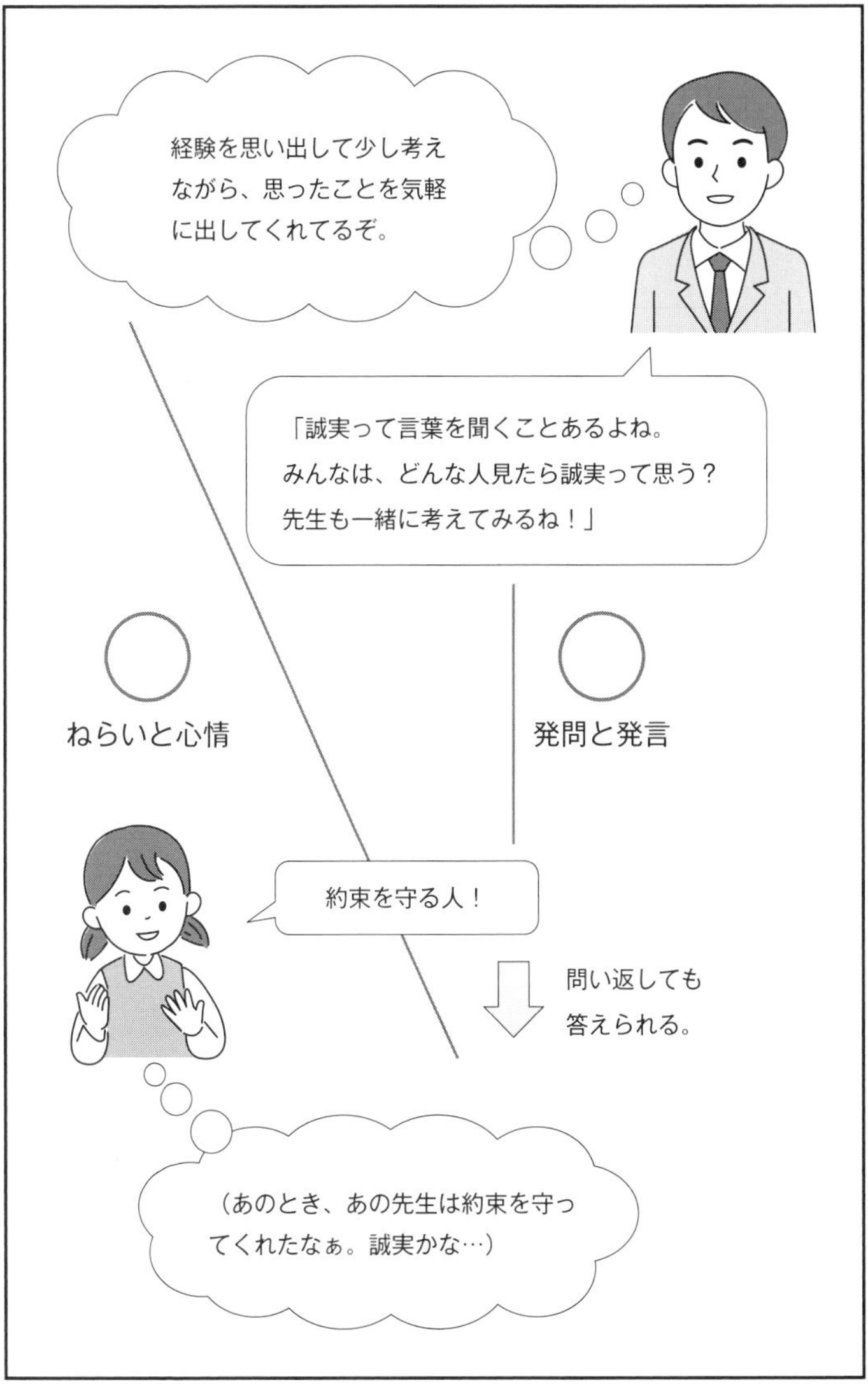
経験を思い出して少し考えながら、思ったことを気軽に出してくれてるぞ。
「誠実って言葉を聞くことあるよね。みんなは、どんな人見たら誠実って思う？先生も一緒に考えてみるね！」
ねらいと心情
発問と発言
約束を守る人！
問い返しても答えられる。
（あのとき、あの先生は約束を守ってくれたなぁ。誠実かな…）

いずれのパターンが正解ということではありません。「教師の振る舞いの掛け合わせ（教師行動）次第で、子どもの反応の仕方が変わる」ことを示したものです。

ここでは、導入の一場面を例にしていますが、授業のどんな場面でも応用が効きます。「中心発問をしたいとき」「子どもたちに話し合いをさせたいとき」に、どのような振る舞いを掛け合わせるのがよいか、私はいつも考えています。同じ授業案であっても子どもの反応が大きく変わるからです。

体育や総合的な学習の時間などを除けば、どの教科にも教科書や指導書があります。それらに則って授業を行えば、少なくとも子どもたちが学習すべき（学習指導要領に規定する）「内容」が落ちることはありません。そうであれば、教師としては「授業は成立している」とみなすことができます。

しかし、「子どもたちの学習が成立している」とは限りません。いくら目の前に「内容」を提示されていても、興味・関心をもって意欲的になったり、自分の課題を見いだしたりしながら思考し、子ども自らが「内容」を自分のものにしようとしなければ「理解」に届かないからです。

このことから言えることは、「的をハズしてしまった授業」の多くは、授業内容や授業展開の仕方だけに課題があるわけでは必ずしもないということです。どちらかというと、教師の振る舞いの掛け合わせ（教師行動）が、子どもの状況とズレてしまっていた可能性があると私は思うのです。

教師の振る舞い次第で変わるのは学級も同じ

さきほど、「教師としての一番の力の入れどころは授業です」と述べましたが、「いやいや、学級経営あっての授業だろう」といった声も聞こえてきそうです。

学習指導と生徒指導は車の両輪だと言われるくらいですから、「どちらも大事」ということになるわけですが、授業づくりと学級づくりは、必ずしも車の両輪のような関係にあるわけではなく、子どもたちにとって学び多き授業にするための土台となるのが学級だという考えをもっています（そのため、教師としての一番の力の入れどころは、私にとってはあくまでも授業なのです）。

どんなにおもしろそうな学習内容であっても、どれだけ教師が指導技術を駆使したとしても、学級がギスギスしていたら、学び多き授業にはならないでしょう。ここに、子どもたちの心理的安全性が担保されていなければならない理由があります。

では、どのようにしたら、そのような状況にもっていけるのでしょうか。私はここでも教師の振る舞いの掛け合わせをもちだしたいと思います。教師行動次第で、安心感をもたせたり、逆に不安に感じさせたりするからです。

ところで私は初任のとき、指導教官から次のように教わったことがあります。

「子どもには毅然とした態度で臨もう」

「黙って待つことも大切」

「なにより一貫性をもって徹底することが大事だよ」

いずれも教師行動として大切なことだと思います。ただし、（偉そうな言い方になってしまって申し訳ないのですが）数ある教師行動のバリエーションの一つにすぎないのではないかとも考えています。

もちろん、学ぶべきは真摯に学ぶべきですが、鵜呑みにしてしまうのもどうかと思うのです。なぜなら、（当たり前のことですが）その指導教官と私は、違う人間であり、教師としての個性（ストロングポイントやウィークポイント）もまったく異なるからです。

そうである以上、十把一絡げで、教えてもらった方法をそのまま行ったとしても、あまりうまくいかないことのほうが多いように思います（逆に、「教師として絶対にしてはいけない指導」については、共通性と汎用性があると思います）。

たとえば、「黙って待つ」というとき、教室のどこで待ちますか？　教卓でわざと丸つけなどをしながら待ちますか？　それとも、子どもの正面に立ち、全員に見える形で黙って待ちますか？　その際、なにか言いたげな表情をしますか？

おそらく「黙って待つときには、〇〇するとうまくいく」などという都合のよい定型などないでしょう。どのような教師行動を選択するのが望ましいかは、そのときどきのシチュエーションに大きく左右されるからです。

ただ、ある程度のパターン化を図ってみることには、自分のイメージを広げる意味でも一定の意義があると思います。

そこでここでは、学級経営においてどのような掛け合わせが考えられるかを紹介したいと思います。

■教師がねらっていること

［指導場面］子どもが時間を守れていない状況にある。
［指導内容］時間を守れるようにすること。
［教師がねらう姿］自ら時間を見て、考えて行動できる子ども。

まず次頁の二つのパターンを見比べてみてください。

[パターン①]

見栄えはよい規律ある学級＝毅然とした姿×厳しい言葉かけ

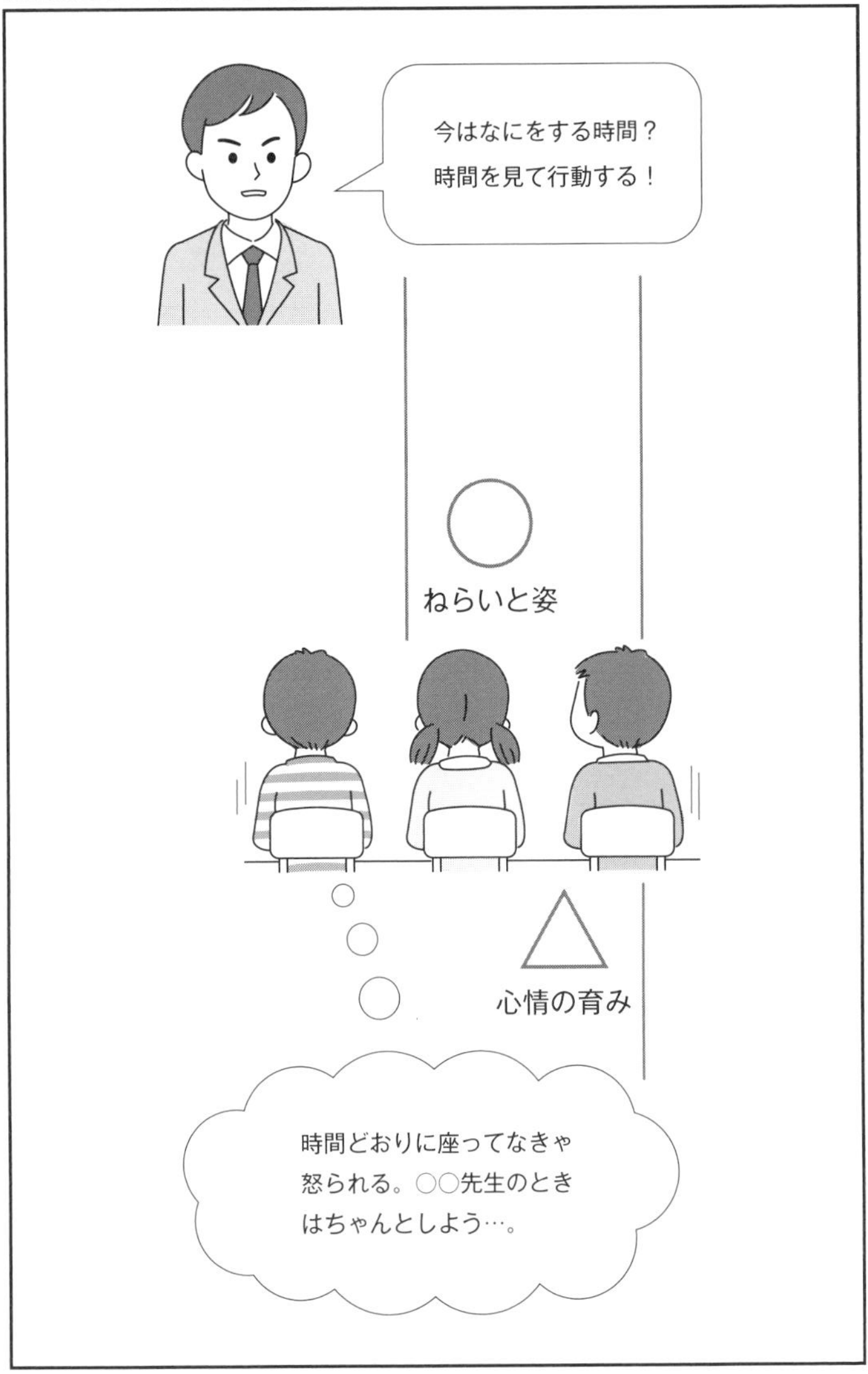

今はなにをする時間？
時間を見て行動する！
ねらいと姿
心情の育み
時間どおりに座ってなきゃ怒られる。○○先生のときはちゃんとしよう…。

[パターン②]

規律ある行動に価値を見いだす学級＝毅然とした姿×あたたかい言葉かけ

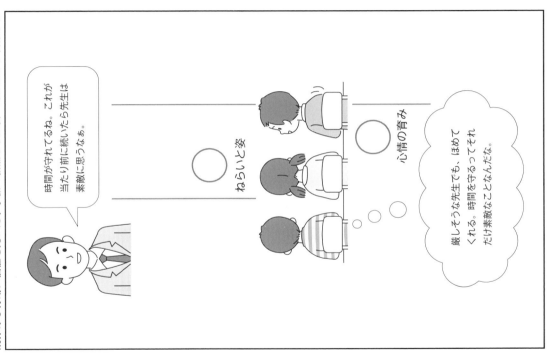

最初にパターン①について考えてみます。

一見すると、集団規律そのものは保たれているように見えますが、先生の顔色ばかりうかがっている様子も読み取れます。もしかすると、「教師の存在感」が強すぎて、自分の行動の決定を教師の指示にすっかり委ねてしまっているのかもしれません。

このような雰囲気のなかで、教師がもし急に振る舞いを変え、友達のような距離感で優しげに接したら子どもたちを戸惑わせるか、あるいは教師の言ったことが耳に入らない可能性も考えられます。（優しそうな雰囲気を最大限に生かす掛け合わせもあるので、あくまでも一例です）。

それに対してパターン②はどうでしょう。

子どもは「教師の存在感」を強く感じているものの、不必要にとらわれてはいないように見えます。むしろ、「教師の毅然とした姿」を肯定的に見ているような印象があります。

このように、子どもたちに対して「毅然とした姿」を見せるにしても、**教師の振る舞いをどのように掛け合わせるかによって、子どもが受け止める心情は大きく変わる**ということです。

学級をどう経営すればよいか、最適解はありませんが、どのような教師の振る舞いの掛け合わせが、目の前の子どもたちにとって望ましいのかを試しながら取捨選択するのが賢明だと思います。

*

教師という仕事を長くつづけていると、たとえば異動先の学校で〝自分がかかわってきた子どもたちと全然違う〟〝いままでうまくいっていたやり方がぜんぜん通用しない〟という状況に見舞われることもあります。

すると、それまでに積み上げてきた自信が打ち砕かれ、〝もう教師をつづけていけないかも…〟などと自分を追い込んでしまうこともあるでしょう。前の学校で実現できた実践がすばらしいほど、その落差に耐えるのがむずかしくなります。

しかし、そのようなときこそ、自分の振る舞いの引き出しを増やすチャンスです。そのためにもまず「自分のこれまで」を反芻し、あれこれ反省するのはやめたほうがいいと思います。それよりも、新任に戻ったつもりで振る舞いの掛け合わせを新規開発するほうが賢明です。

ただそうはいっても、無理は禁物。心や体を壊してしまったら元も子もありません。苦しかったら早めに休職するなどしていったん現場を離れ、英気を養うことに尽きると思います。

隠れたカリキュラムに意識を向ける

1　教師も子どもも気づかないうちに形成される学級の空気

私たちは、「子どもにどんな力をつけさせたいか」「どのような中心発問だったら、子どもの思考が深まる話し合いになるか」などを考えながら45分の授業を組み立てます。授業準備と言えば、以前の私はそれがすべてだと考えていました。教師がいい準備をすれば、いい授業ができるはずだ…と。しかし後に、それでは不十分だったことに気づかされます。

私が同じ学年の3学級で道徳科の授業を行う機会をもらったときのことです。学級ごとにある程度の調整はしていましたが、大枠としては同じような授業展開です。しかし、どうしたわけか、子どもたちの反応や取組具合に顕著な違いが生じます。

同じ学年の子どもとはいえ、学級の雰囲気はそれぞれ違うのだから、最初のうちは〝そういうものかな〟と思っていたのですが、どうもそれだけでは片づけられないように思えてきました。

発問に対する答え方を例にすると、たとえば次のような違いです。

[1組] 正答意識が強く、知識のある子どもが授業をリードしていく。
→特定の子どもが教科書に書いてあることや塾で学習した知識を披露すると、他の子どもたちが納得してしまう。

[2組] 思いついたことはなんでも発言し、互いに考えをつなぎ合っていく。
→意見が食い違っても、すり合わせながら最適解を模索する話し合いにしようとする。

[3組] どの子も発言するなど学習参加率は高いものの、内容の価値づけをしようとしない。
→意見はたくさん出るのだが、そこで話し合いが終わってしまう。

ずっと不思議に思っていたのですが、しばらく経って〝「隠れたカリキュラム」の影響を受けていることの表れなのかもしれない〟と考えるようになりました。

これは、次のように説明されています。


「隠れたカリキュラム」とは、「教育する側が意図する、しないに関わらず、学校生活を営むなかで、児童生徒自らが学びとっていく全ての事柄」を指す。学校・学級の「隠れたカリキュラム」を構成するのは、それらの場の在り方であり、雰囲気といったものである。

(人権教育の指導方法等に関する調査研究会議「人権教育の指導方法等の在り方について」平成18年)

また、教育社会学の分野では、男の子らしさや女の子らしさといったジェンダーによる社会的な役割演技や役割意識なども、「隠れたカリキュラム」によって培われると言います。

この考え方を学級に置き換えれば、担任の教師やクラスメイトの日常的な言動によってその教室独特の空気（暗黙のルール）が形成され、その空気の影響下に置かれると考えればわかりやすいかもしれません。

そこでここでは、前述した3学級の子どもたちの傾向を、各担任が行っている普段の授業の様子に当てはめて考えてみます。

［1組］担任による普段の授業では、自ら表現することに長けたパフォーマンスの高い子どもの発言に教師が反応するあまり、そのやりとりによって授業が進行するのが常態化している。

［2組］担任による普段の授業では、子どもの反応や板書の熱量が高く、子どもたちが話し合いを通じて最適解に向かっていこうとする手助けをしている。反面、子どもはその形式に満足し切ってしまっていて、意見がまとまっていく段階になると、それとは違う考えをもっていても発言を控える姿も見られる。

［3組］担任による普段の授業では、子どもの学習参加を促す指導が効いていて、どんなに浅い

意見に対しても「おぉー！」といった反応し合う様子が見られる。反面、子どもにとっては発表すること自体が目的になっていて、「自分が意見を言ったらそれでおしまい」と考えているふしがある。

ここで言いたいのは、どの学級がいい（あるいは、悪い）ということではなく、次の二つです。

- 同じ学年であっても「隠れたカリキュラム」の影響を受けて、学習に取り組む態度に大きな違いが生じ得ること。
- この「隠れたカリキュラム」を「見える化」する意図的な指導ができるようになれば、これまでよりも子どもたちに最適な学びを提供できる可能性が高まること。

2　無意識行動を意識行動にする

「隠れたカリキュラム」を「見える化」するとは、これまで教師が意図せずにしていたことが子どもにどのような影響を与えていたかと推測し、意図的な指導を考えるということです。

そこで私は手はじめに、次に挙げる実践に取り組んでみることにしました。

(1) ねらい

バランスよく栄養を摂取できるよう、好き嫌いなく食べることの大切さを伝える。

(2) 配慮事項

アレルギーのある子どもに対してはもちろん、完食することを無理強いしない。あくまでも栄養バランスのとれた食事の大切さを学べるようにする。

(3) 教育課程に則った指導

[道徳科授業]

生命の尊さ（内容項目）に位置づく授業で「命をいただくことへの感謝やありがたさ」について学ぶ。

[給食の時間（食育）]

- 健康な身体をつくるには、バランスよく栄養を摂取することが大切であることを学ぶ。
- 給食をつくってくれた人への感謝の気持ちをもって食べるよう指導する。

(4) 隠れたカリキュラム

私自身、日ごろから食事に対して感謝の気持ちをもつことの大切さを伝えていたものの、給食の時間には「子どもの振り返りノートを読みながら食べる」といった「ながら食事」をしている姿を子どもたちに見せていた。感謝の気持ちも乏しく、それほどおいしそうにも食べていなかったし、とくに苦手なブロッコリーが出てくると、食器の脇に押しやっていた。

(5) 意図的な指導

- 「今日の給食もおいしいなぁ。ありがたいわ」などとつぶやく。
- 「ながら食事」をやめて、おいしそうに食べる。
- 「今日はちゃんと食べるぞ」と言って、悪戦苦闘している様子を見せながら苦手なブロッコリーを頬張る。

そんな私の様子を見た子どもたちは、即座に反応しはじめました（私の想像以上でした）。

「あれ？　なんか今日はいつもと違う」

「先生が、うれしそうに食べてる」

「ブロッコリー、食べてない？」

「食べてる、食べてる」

「どうかしたの、先生？」

ほかにも、「給食、おいしいね」と言い合い出す子が現れたり、これまで野菜には一切手をつけなかった子が、食べようか迷っているかのように野菜を箸でつつき出す姿までも！

それからというもの、積極的に野菜を食べようとしない私の仕草を見とがめては「先生、好き嫌いよくないんだ！」と言う子がいたり、配膳の際にも「今日は先生が、だ・い・す・きブロッコリー、たくさんにしておきました！」と言う子も現れたりしました。

そうした子どもたちに向けて、「もちろん、ちゃんと食べるよ。栄養バランスが大事。それに、苦手だからという理由で残したのでは、つくってくれた人にも悪いしね」などと言葉を返していました。

そうするうちに、子どもの行動に明らかな変化が生まれました。いずれも、教育課程に則った指導だけをしていたときには見られなかったものです。

平素の指導と隠れたカリキュラムを想定した意図的指導が噛み合うことで生まれた変化だと考えた私は、次に挙げる事柄を改めて感じたのでした。

● **子どもは1日中、教師の姿をなにげなく見ている。**

● **子どもは教師に対して完璧を求める**（聞けばなんでも知っているし、なんでもできるだろうと思っている子が多い。裏を返せば、「先生が知らないのはおかしい」「できないのはおかしい」となりがち）。

- 「先生」である私が知らなかったり、できなかったりする姿を見せると、子どもの印象に強く残る。
- ひとたび子どもといい関係が築けると、「先生」をモデル視しはじめることがある。
- 「先生」にまつわる出来事はクラスメイト間の話題になりやすい。しかも、そうした噂話がクラス全体に伝播するスピードは半端なく速い。

ちょっとしたことかもしれませんが、私はこのような取組に大きな意義を見いだしているのです…などと言いながら、教師もまた人間です。毎日すべての行動を意図的にすることなどできやしません。

そこで、子どもの様子を見ていて〝この課題はなんとかしないといけないな〟と感じたときだけ、普段自分が意識せずに何気なくしている行動に目を向け、作戦を練るようにしているわけです。そうするだけでも十分かな…と。

見栄えよき不自然な姿から、自然な成長を促す役割を見直す

教師になって間もないころの私が理想としていたのは、こんな子どもの姿でした。

●学習するときは全員がよい姿勢でいる（手はひざ、背筋を伸ばす）。
●話を聞くときは相手の目を見て、うなずく。
●授業ではできるだけ全員が手を挙げる。
●休み時間はみんなで外遊びに夢中になる　など。

そう考えるようになったのは、身近な先輩の学級のこんな子どもの姿を見たのがきっかけです。

●一人が話すと、「ザッ」と全員がその子に体を向ける。
●「話します！」「はい！」「〜というのは〜ですよね？」「はい！」「なので…」といった話形が整っている。そのため全員参加の雰囲気を強く感じる。
●ノートの振り返りは必ず5行以上書く　など。

研究授業等で大勢の先生が見に来られれば、「子どもの学び方がすばらしい」「学級経営がしっかりしている」といった賛美の声があがるくらいで、私にもすごく輝いて見えました。

で、当然のごとく当時の私はなんとか自分のモノにしてやろうと躍起です。「だれかが話すときには、一斉に体を向けるようにしよう」「みんなに問いかけるように話してみよう」と声をかけながら、憧れの先輩の学級に近づけようとしていました。

すると次第に「田屋先生の学級、いいんじゃない？」といった声が周囲から聞かれるようになっていきました。私はすっかり有頂天です。

そんなときです。ある先生のつぶやきが耳に飛び込んできました。

「全員が一斉に顔を向ける姿ねぇ。よく考えると奇妙な光景だよなぁ」

私はびっくりして、その先生に話しかけました。「どのへんが奇妙なんでしょうか？」

すると、次の言葉が返ってきます。

「だって、大人だったらそんなこと、だれもしないでしょ？　子どもだってそう。休み時間などにそんなふうにはしないし、家でもしていないと思いますよ。まぁ、授業のときだけですよね」

その瞬間、私はハッとさせられました。〝言われてみれば、たしかにそうだな〟と。

よき話し手となり、よき聞き手になることは、学校生活を送るうえでも、実社会を生きていくうえでも欠かせない、汎用的能力であることに間違いはありません。

〝だけど、全員が一斉に、しかもまったく同じ動きをさせる必要が本当にあるのだろうか〟と思ったのです。

そこで私は、「自分はなんのために全員で一斉に行えるようにする指導をしてきたのか」と振り返ってみました。答えはなんのことはありません。

第一の理由は、周囲から自分を認めてもらいたかったからです。だけど、それだけでもありません。整理してみると、次に挙げる考えをもっていたことに気づきました。

[段階①] 話をする人にとって、自分のほうを見ながら真剣に聞いてくれることはうれしいことであると伝えたかった。

[段階②] どの子にもそうなってほしくて、学級全体に対して指導することにした。

[段階③] 全員一斉に行えるようになってはじめて、そうすることの価値を子どもが見いだせるようになると考え、全員で行うことをルールに掲げて徹底した。

[段階④] 授業の場だけでなく、どのような場であっても、よき話し手、よき聞き手であってほしいと考えた。そのためには、臨機応変に対応（話し方・聞き方のみならず、個別最適な学び方を自己選択）できるようになる必要がある。

このように整理してみると、自分が行ってきたこと自体は、あながち間違いではなかったのではないかと思えてほっとしました。しかし、明確な問題もありました。それは、③の段階をゴールだとみなしていたことです。つまり、「みんなでできているからすごい」という成果で満足してしまっていたのです。

しかし、その段階は通過点にすぎないはずです。本当に重要なのは④の段階に至ること。

*

どの業界の仕事であれ、自己選択の連続です。私自身、たとえば講師の話を聞くときなどでも、メモを取ったり、知らない言葉があればネットで検索したり、講師のほうに顔を向け、ときどき相づちを打ちしながら話の内容を理解しようとします。

私自身がどれだけできているかはさておき、子どもたちにとっても大切なのが、その子にとっての最適な学び方を身につけられるようにすることです。そこで、③の段階まで来たら、学び方のバリエーションを体験できる場を用意し、自己選択できる機会をつくることこそ教師が担うべき役割なのだと、このとき私はようやく思い至ったのです。

第2章

すごろく型から
アップデート型の学級経営へ

すごろく型の学級経営から脱却する

すごろく型とは、毎年4月になるたびに子どもの学びがリセットされる学級経営を指します。子どもからすると、前年度にがんばって身につけたはずのことが（すべてとは言いませんが）生かされる機会がなく、まるでふりだし（1年前の4月）に戻ってしまったかのように感じさせます。

どのような事柄がそうなりがちか、例を挙げてみましょう。

【学校生活】

●朝登校したらやらなければならないことやその手順
●明日の予定を書くタイミング
●宿題や提出物の提出方法
●休み時間の過ごし方
●着替えをする際のルール　など

【授業の受け方・学び方】

●授業準備の方法（いつまでに、なにをしておかなければならないか）
●ノートの取り方
●挙手や発言の仕方
●振り返りの書き方
●友達との学び合いの方法　など

【特活的学び】

●日直の仕方
●朝の会、帰りの会の内容やもち方
●係活動、当番活動の取り組み方
●委員会活動の取り組み方
●清掃の仕方
●給食を食べる際の約束事　など

右に挙げた事柄は、（一部を除いて）1年生から経験してきたはずです。そうであるにもかかわらず、日直の仕事一つとっても、進級するたびに「どうすればよいですか？」と教師に質問してくる子どもがいます。

おそらく子どもは、なんとなく感じ取っているのです。「新しい1年がはじまると、これまでのやり方は通用しない」と。

そうかといって否定的・懐疑的に感じているわけではないと思います。（これまでずっとそうだったから）〝きっとそういうものなんだ〟と受け止めているだけです。

この受け止めの背景には、たとえば次に挙げるケースが考えられます。

【ケース①】 これまでに学んだことを生かし、自分なりに考えてよかれと思ってしたことに対して、担任から「そのやり方ではだめです。今度からこうしなさい」などと一方的に否定されたことがある。

【ケース②】 担任から「こうしなさい」「こうしてはだめですよ」と言われたことを素直に受け止めて行動に移していたものの、なんのためにそうしなければならないのか（あるいは、してはならないのか）といった目的理解にまでは至っていなかった（単なるやることリストをこなすばかりの習慣にとどまっていた）。

［ケース①］については、教師として厳に慎まなければならないすごろく型の典型例ですが、そこまで極端に前の学年で身につけたことを否定する教師はいないと思います。

問題は［ケース②］で、教師のほうは子どもの経験を肯定的に受け止めようと思っているのだけど、子どものほうは「自分なりに考えてみる」という発想をもっていない場合です。つまり、自分が経験してきたことが応用可能な学びになっていないということです。

逆にもし、そうした応用可能な学びが身についていれば、「提出ＢＯＸは教室のどこに置くか」ということ一つとっても、子どもから「先生、その場所だと、みんな置きにくいんじゃないかな。こっちのほうがいいと思う」といった声が上がります（少なくとも、「どうすればいいですか？」という質問は、必要最小限にとどまります）。

ちょっとしたことかもしれませんが、右に挙げたやりとりを学級会の議題にすれば、こんな声も聞かれるはずです。

「同じ場所に、みんなでそろえて出す。なぜなら確認する人が見やすいから」

「番号順にそろえておけば、もっと確認しやすくなるはず」

「チェック表をつくっておけば、全員出せたかを確認する手間を省けるかも」

そもそも私たち教師は、よほど気をつけていないと、ついすごろく型の学級経営をしてしまいがちです。というのは、（前年度からの申し送りはあるにせよ）前の学年で子どもたちがどのように学校生活を送り、授業でどのように学んできたのかを自分の目で見たわけではないからです。

そのため、意図せず、悪気なく、結果的に、子どもの「これまで」を否定してしまうことがあるくらいです。

他方、（学級が崩れてしまっていたなどの理由で）前の学年のときとはあえて違う方向へと舵を切るほうが望ましい場合もあるでしょう。

こうしたことを踏まえ、私が心がけているのがアップデート型の学級経営で、たとえ前の年のやり方と異なっていたとしても、子どものほうが柔軟に受け止め、納得解を得られる機会をつくります。

学級経営をアップデート型にするためには、次に挙げる三つの条件を満たす必要があります。

- 前年度を顧みず、独自のやり方（思いつき・思い込み・こだわり）を子どもに押しつけない。
- 新年度がはじまったら、子どもたちがどんなことをどんなふうに学んできたか（活動してきたか）をヒアリングし、新しい年をどのように過ごしていきたいかを子どもたちと共に考える。
- どのような活動であっても、子ども自身が「なんのためにそうするのか」を考えられる場を設定する。

●（過度にならない程度に）学年で揃えるべきことはしっかり揃える（可能であれば、前年度の担任から情報を得つつ、どのようなことをスタンダードとするのかについてすり合わせしておく）。

授業展開スタンダードを確立する

先に、私の立場を表明しておきたいと思います。私は、授業を行ううえで一定のスタンダードを定めておくことは望ましいと考えています。ただし、スタンダードにはマイナスの側面もあるので、「なんでもかんでも決めておけばいい」「定めた以上、スタンダードから外れたことはしてはいけない」などと考えているわけではありません（後述します）。

まずは、どの教室でもおよそ行われているであろうベーシックな授業の段取り・約束事を取り上げてみます。

①始業のベルが鳴ったら、「気をつけ、礼。はじめます」などのかけ声で授業をスタートする。
②教師が黒板にめあてを板書する。
③発言したいときには挙手をする。
④クラスメイトの発言と似ている意見は、たとえばチョキにして手を挙げる。

⑤発言するときには話形に則る。

⑥本時で学んだことの振り返りやまとめをノートに書く。

⑦終業のベルが鳴ったら、「気をつけ、礼。終わります」とのかけ声で授業を終える。

これに対してスタンダードは、「ペアで話し合う時間を設ける」「子どもが自分で考えたことを表現する時間を設ける」など、ベーシックに肉づけしたものだと考えることができます。

さて、このスタンダードには批判的な声もあります。たしかに、子どもたちの主体性を損なうものであったり、先生方が裁量を発揮できなかったりするようなものであれば、よいものとは言えないでしょう。たとえば、次のようなスタンダードです。

①子どもの実態に合っていない。

②先生方の創造性を発揮する余地がない。

③頑なに内容や運用を変えようとしない（「もう決めたことだから」「去年もそうしてきたから」「これまでうまくいっていたことだから」といった理由で、改善が必要な場合にもそうせずに固執してしまう）。

これらが常態化すれば、（だれも望んでいないはずなのに）硬直化した枷をはめられてしまい、授業にしても学校生活にしても息苦しくなってしまうでしょう。つまり、問題とすべきは、スタンダードそのものではなく、創造性が欠如し、非教育的な画一性にあるのだと思います。

それに対して、右に挙げた①〜③の事柄を裏返したスタンダードであったらどうでしょう。メリットのほうが大きくなるのではないでしょうか。

新年度を迎えるたびにふりだしに戻ることなく、子どもが自分の学び方をアップデートできるようにすることが、本当に大切だと思います。それも、小学校だけでの話ではありません。中学校、高校、大学であってもそうであってほしいと思います。

（願いとしては）どの学校段階間であっても子どもの学び方が途切れることなく、つながっていてほしいと私は考えています。そうでなければ、今度は進学するたびにふりだしに戻されてしまうことになります。

それはさておき、小学校教育におけるスタンダードの話に戻しましょう。

繰り返しになりますが、融通の利かない硬直化したスタンダードであっては子どもにとっても教師にとっても有害です。だからといって、事のはじめから最適なスタンダードをつくるのもむずかしいと思います。

まずは不完全なスタンダードでよいと思います。それをプロトタイプver.1だと位置づけ、ver.1.2へとマイナーアップデートを繰り返しつつ、いずれメジャーアップデートをめざしていくという考え方を採用するのです。そうであれば、「現状に応じて柔軟に変えていくものがスタンダードだ」と受け止めてもらえるようになるのではないでしょうか。

これはまさにPDCAの「C（Check）」が機能している状態だと言えます（**資料1**）。

このように言うと、「じゃあ、スタンダードの中身が変わったら、そのたびにふりだしに戻ってしまうのではないか」といった声も聞こえてきそうですが、柔軟なとらえが大切です。

ここでは、5→6年生への進級を例にしながら考えてみましょう。

ある年、5年生を受けもった私は、国語の時間にハンドサインについて触れた

資料1

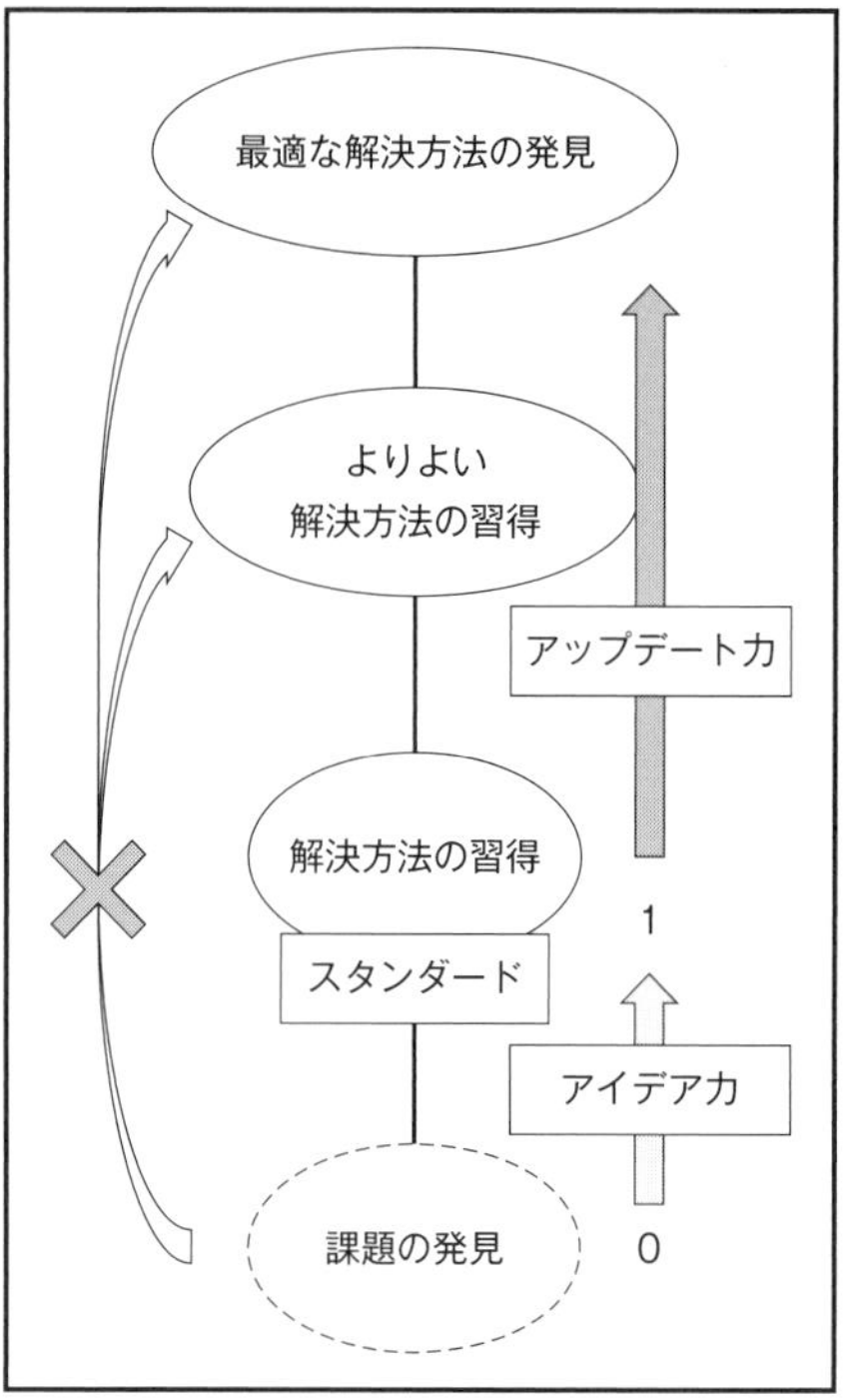

ところ、子どもたちからこんな声が上がりました（「似ている意見はチョキ」というハンドサインについてです）。

C「チョキで手を挙げるのって、なんか変じゃない？」

C「似ている人から聞いてつなげていけばいいのにね」

その発言を受けて、私はすかさず問いかけました。

T「そういえば、なんで似ている人をチョキにしたんだろうね」

C「似ている人がすぐわかるようにでしょ」

C「似ている人からつながないと、考えがあちこちにいっちゃうからじゃない？」

子どもたち自身はチョキで挙手することに違和感を覚えていながらも、「なんのために、チョキにするのか（ハンドサインがあるのか）」目的と意義をつかんでいる様子がうかがえました。

そこで私は、次のように促してみました。

T「似ている人がすぐにわかることは大事だということだよね。でも、チョキで手を挙げるのは変。だったら、どうするのがいいと思う？」

C「自分たちで『似ている人いますか？』って聞けばいいと思う」

その発言に頷く子が多数。それを見取って「じゃあ、それでやってみる？」と聞いてみたところ、満場一致で決まりました。

おおよそこんなやりとりで、ハンドサインの変更がなされました。しかし、「似ている人の考えをつなげる」という目的と意義は変わっていません。

これも一つのＰＤＣＡだと思います。整理すると、次のとおりです。

●4年生のときは、「先生がそうしようと言うから」という理由で、チョキで挙手をしていた。

↓これは「P（Plan）」→「D（Do）」だととらえることができる。

●その後、だんだんとチョキで挙手をすることが変だと考えるようになり、5年生になって疑義を呈した。その際、ハンドサインの目的と意義については理解していたことから、チョキの代わりになる代案を出した。

↓「C（Check）→A（Action）」だととらえることができる。

さて、問題は次の年、彼らが6年生になったときにどう対応するかです。

もしかするとみなさんは、（5年生のときの話し合いで決めた拡張ルールである）「似ている人いますか?」と聞く方法をさらにアップデートするやりとりがなされたのではないかと想像されたかもしれません。しかし私が行ったのは、「似ている意見はチョキ」から考えさせることでした。

なぜなら、それがスタンダードにおける基本ルールだからです。そこで、（ふりだしに戻すということではなく）いったん基本に立ち返り、改めて「どうするのがよいか」を子どもと一緒に考えたというわけです。

最終的には、これまでの方法を継続していこうということになったのですが、「やっぱりチョキのほうがわかりやすいよ」ということで意見がまとまるのであれば、そうすればよいのです。

重要なことは、**子どもたちがすることなのだから、彼らが話し合って決めればいい**ということです。整理すると、次の3点です。

- まずはスタンダードに則って行動する。
- 実際に行動してみて違和感やおかしなことがあれば話し合いに基づいて変えていい（なんのためにそうするのか〈目的や意義〉を理解していることを前提とする）。
- スタンダードはいつでも立ち返られる道しるべ。変えたことを継続してもいいし、さらに変えてもいいし、元に戻してもいい。そのためにも、改善が必要だと感じたときや進級などの節目の時期に再度検討できる機会を設ける。

資料2

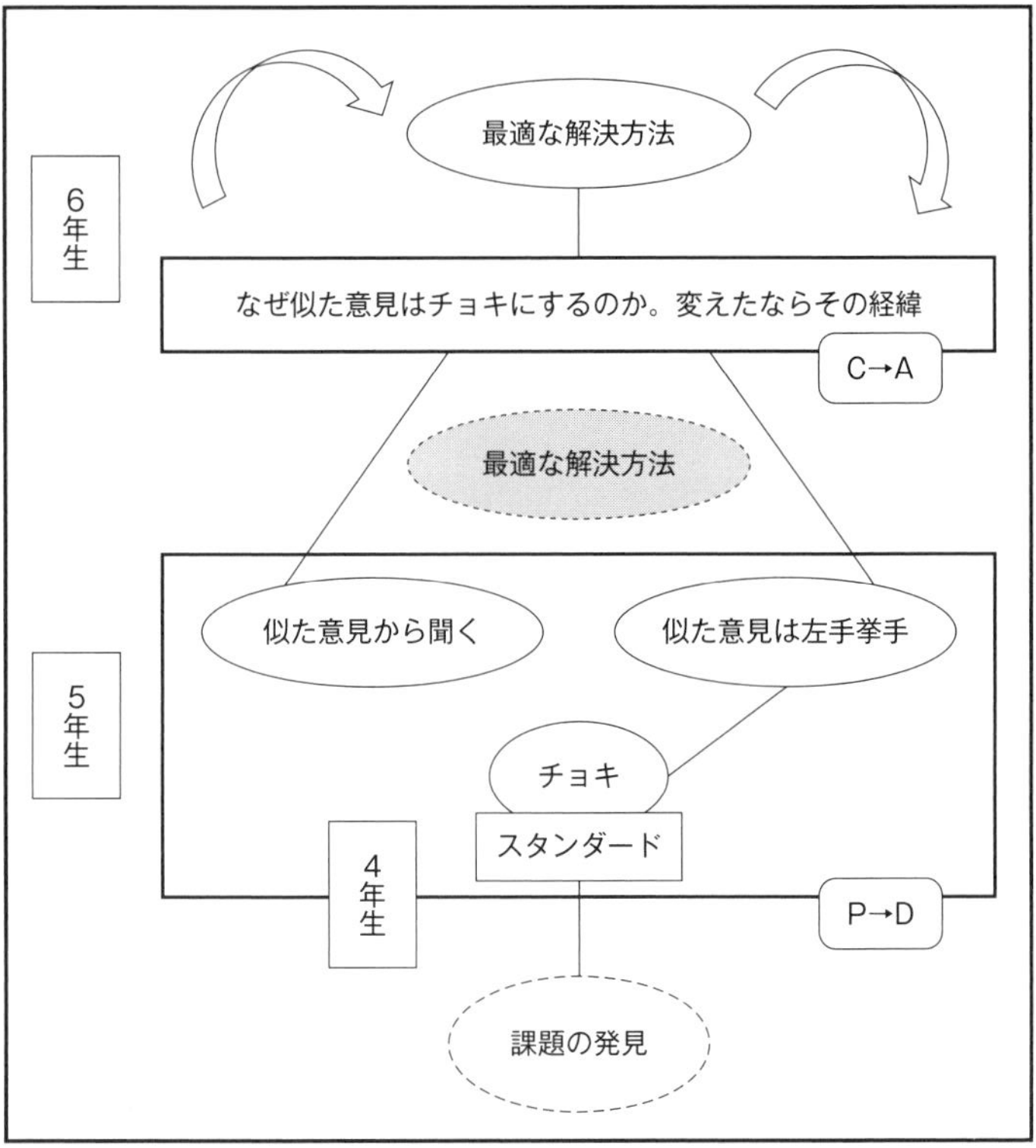

（もち上がりの学級でない限り）新年度がはじまると、私は必ず「去年はみんな、○○についてはどんなふうにやってきたの？」などと子どもたちに問いかけます。基本ルールのままだったのか、アップデートした方法を取り入れていたのかを確認するためです。

また、どの学級でもアップデートした方法であったならば、子どもたちにそれぞれ説明してもらいながら、学級全体で共有します。その後、今年1年をどうしていきたいかと尋ねて話し合いを行います（この話し合いを学級目標づくりにつなげていきます）。

このようにしている限り、子どもたちの学び方がふりだしに戻ることはありません。しかも、特定の目的・意義のもとで行っていることであっても、その実現のためには何通りもの方法があることを知る機会ともなるので、思考するバリエーションも豊かになります**（資料2）**。こうしたことから、「基盤となる『P』（スタンダード）を軸としたアップデート型の学級経営」を重視しているわけです（第6章で具体的な実践を紹介します）。

どのような仕方だっていい、子どもが自分の考えを発信できるようにする

（どの教科等であれ）「目の前の課題（もしくは話題）に対して、クラスメイトとの対話を通して多面的に解決を図っていける学習にすること」を私は重視しています。そのために必要となるのが、次の四つです。

●**自分の感じたことや考えたことを発信すること**（課題解決のスタートを切る必須条件）。

●発信が多いほど、多面的に考えるチャンスが広がること。

●多面的に考えたものであるほど、最適解になり得やすいこと。

●より多くの意見が交わされるほどに学びは広がり深まること。

ここで言う「発信」とは、全体の話し合いの場で発言することだけではありません。ペアやグループで話し合う、ノートなどに自分の考えを書く、自分の書いたことを隣の子に見せて代弁してもらうのでもかまいません。もし、だれかに話をしたり、書いたりするのが苦手なら、タブレットの録音機能を使ってつぶやくのだってよいのです。

私が重視していることは、どのような仕方であってもかまわないので、自分の感じたことや考えたことをアウトプットすることです。そのため、全員一斉でなくていい、（それぞれ得手・不得手があるのだから）むしろ全員一斉じゃないほうがいいくらいに考えています。

こうしたことから、次に挙げるようなことはしません。

●すべての子どもにみんなの前で発言することを求め、発言したすべての子どものネームプレートを黒板に貼る。

- 子どもたちを順番に前に出させて一人一人自分の考えを黒板に書かせる。
- 「全員発言」と書いた壁掛けホワイトボードなどを教室掲示し、その日に発言した子どもの人数をそのつど書き込む　など。

なぜ、右に挙げたことをしないのか。答えはシンプルです。「自分の考えを表明したら終わりでいい」と子どもに思わせたくないからです。加えて、みんなの前で発言するのが苦手な子や書くのが苦手な子に対して、得意な子どもたちと同じやり方を求めたくないからです。

実際、そんなことをしていても、得意な子の発言や書いたことを真似して、その場を乗り切ろうとさせてしまうだけです。それでは、その子の発信にはなり得ません。だからこそ、発信の仕方をそろえないことにしているのです。

どの子も、自分のしやすい方法で自ら学習を進められるようにするのが理想です。とはいえ、ただ子どもに委ねるだけでは、「できる子はよりできる」「できない子は、ずっとそのまま」という状況を助長しかねません。そうした状況を抑止し、どの子も自分の学びをアップデートできるようにする手立てが必要です。

そこで、教師である私は、子どもたちがそもそももっている探究心を引き出し、それぞれ異なる課題意識をもってクラスメイトと対話できるようにし、子ども自ら納得解を見いだしていける授業にしたいと考えているのです。

そのためにもまずは探究心の引き出しです。ここでは道徳科授業での導入場面を取り上げてみます。

T 「『友達』ってどんな人のことだと思う？」

C_1 「遊んでくれる人！」

C_2 「仲のよい人！」

C_3 「話を聞いてくれる人！」

T 「なるほど。たしかに友達って感じがするね」と言って微笑む。「じゃあ、遊んだり話を聞いてくれたりしたら、みんな友達っていうことでいいのかな」

C_1 「いや、そうなんだけど…そうではなくて」

T 「なんだか複雑そうだね」と言って首をかしげる。

＊うーんと悩みだす子、「いやいや！」とつぶやく子、相談しはじめる子が現れる。

T 「ほかに、なにか思った人はいる？」

C_4 「困ったときに助けてあげるのも友達かな」

C_5「心が通じ合っているとか？」

C_6「ずっと一緒にいる人！」

T「じゃあ、いま、みんなが言ってくれたことを全部していれば友達ってことになるのかな？」とつぶやく。

C_7「いや、先生、そういうことじゃなくて…」

T「どういうこと？」と不思議そうな表情をして尋ねる。

C_7「なにかをすれば友達ってことじゃないと思うんだよね」

C_8「あ、わかる！　これをしたくなる思いがある人っていうか…」

T「それはおもしろそうな考えだね」と言って身を乗り出す。「では、友達についてもっと掘り下げていきたい人はいる？」

＊学級の過半数が反応する。

T「じゃあ、今日の授業はそれを解決していこうか」と教師である自分がしてみたいことであるかのように言う。「どんな問いがいいと思う？」

C_9「『友達ってどんな人だろう？』とか？」

C_{10}「『友達とは？』でもよさそうじゃない？」

C_{11}「『本当の友達ってどんな人？』は？」

C[12]「それ、いいかも！　ほかの人がいいなら」
～展開へ

この導入場面では、「漠然としていて、どうとでも答えられる発問」からスタートしています。そのため、いろいろな友達像が挙げられています。しかし、それで終わりではなく、「解決してみたい課題」にまで昇華されています。なぜ、そうなるのか。

友達にまつわる体験は、本当に子どもそれぞれです。しかし、共通していることもあります。それは「友達がいないのはさみしい。自分にとってなくてはならない存在だけど、ときに揉めごとが起きるなど、むずかしい存在でもある」という点です。

そのため、多様な意見が出ながらも、「それが、本当に友達？」と問い返せば、言いよどむ子どもが出てきます。こうしたとき、自分の考えを発信しようとする必然性が生まれ、子どもの探究心にフックがかかるのだと思います。

これをもし、「○○といった友達をどう思う？」などと具体例を挙げて発問したとしたらどうでしょう。おそらく「○○」がバイアスになって、自分を第三者にしてしまう（他人事にしてしまう）のではないでしょうか（そうしたこともあって、道徳の授業で教材の範読から授業をスタートさせることに、私はためらいを感じることがあります）。

他方、特定の子どもたちの発言によって展開していく授業もあります。そうした授業を十把一絡げで否定的にとらえているわけではありません。その一方で、私がめざす「クラスメイトとの対話を通して多面的に解決を図っていける学習」にしてはいけそうにありません。

それに、そのような授業では子どもたちのほうも（一部の子どもを除いて）つまらなそうです。だから、的確な意見が出ればよしとするのではなく、「（たとえ間違っていたり、おかしな発言であったとしても）いろんな考えがあったほうがおもしろいし、そのほうが新しいなにかを手に入れられる」と、どの子も思える授業にしたいと思うのです。

次に紹介するのは、そもそも子どもの発信するハードルを下げる（全体に対して話すことへの抵抗感を減らす）やりとりの場面です（教科は算数）。

T「前回の授業で、とっても大切な言葉が出てきたと思うんだけど。覚えている人はいる?」と言って、学級全体を見渡す。

＊前時の最後で、どの子も「前時のキーワード」をノートにまとめている。

C（多数）「はい!」

T「お～、すごいね」と言いながら軽く腕組みする。「ちなみにそのまま（手を挙げたまま）

教えてくれる人？」

C多数「はい！」

T「じゃあ、Aさん！」

C_1「それはね、『比例』です！」

C多数「同じです！」

T「よく前回の学習を覚えていたね。それじゃあ、その『比例』ってどういう意味だったか覚えている人いる？」と言って、再び学級全体を見渡す。

＊「比例の意味」についても同様に、前時にまとめている。

C多数「はい！」

T「Bくん、どう？」

C_2「一方が2倍3倍…となるときに、もう一方も2倍3倍となる2つの数の関係！」

C_3「あ〜、言いたかったぁ！」

T「みんなすごいなぁ」と言って微笑む。「今日はみんなが言ってくれた『比例』の関係かどうかを見極める力をつけていくよ。早速やってみる？」

C多数「はーい！」

〜展開へ

「＊」で注釈を入れていますが、「前時のキーワード」も「比例の意味」も、手元のノートを見れば、どの子も発言できる発問です。

些細なことですが、こんなやりとりであっても、子どもが自ら発信するハードルを下げるきっかけをつくることができると思います。正解が自分の手元にあるからです（極論かもしれませんが、たとえば国語の授業で扱う教材名を問う発問だっていいのです）。

ねらっているのは、授業の冒頭で正解を発言できたこと、たとえ発言に至らなくても「そうそう」とうなずくことができたことなどによって生まれる空気感です。子どもたち同士、自分の考えをつなぎ合わせるのは、心と体がほぐれてからでいい。まずはウォーミングアップ。「安心して話せる雰囲気づくり」です。

こうした雰囲気づくりは、ときどきでいいわけではないと思います。1日の最初の授業で行えばいいということでもありません。可能であれば、毎時間の冒頭で行えたほうがいいと私は思います。なぜなら子どもは、「前の授業では安心して発言できたから、次の授業でもそうなるだろう」などとは、そう易々と考えないからです（そうできる子もいますが、毎時間のように気持ちがリセットされる子もいます）。

＊

ここでは子どもとの対話を二つ紹介しましたが、お察しのいい方であれば、教師行動を交えたやりとりであったことにも気づかれたことでしょう。「うんうん」と言いながらときおり微笑んだり、身振り手振りを交えて不思議そうな様子や驚いた様子を見せたりしながら、子どもとやりとりしています。これは、〝私はきみたちとこうして対話しているのが、心からたのしいんだ〟という気持ちを伝える振る舞いであり、実はこうした教師行動を交えることが、子どもの探究心に火をつける際にも、発信するハードルを下げる際にも効いてくると思います。

ルールを守る必要感をもたせる一見

「百聞は一見に如かず」という言葉があります。人から何度も話を聞くよりも、自分の目で一度見たほうが、ストンと腑に落ちるという意味ですが、これは学校生活を送るうえで守らないといけないルールにも当てはまるように思います。

ここでは「廊下を走らない」について考えてみます。

このルールは、出会い頭にぶつかってしまい、子どもがケガをしない（ケガを負わせない）ための安全上の決めごとで、どの子も「そうしてはいけない」ことを知っています。にもかかわらず、つい走ってしまう子どもがいます。たとえば休み時間、校庭で遊びに夢中になるあまり、予鈴に気づかず慌てて教室に戻るような場面などは容易に想像がつくでしょう。

そうした子どもは〝授業に遅れてはまずい、先生に怒られてしまう〟という心理が強く働き、「廊下を走らない」というルールが頭から抜け落ちます。その後、その姿を見かけた教師に「廊下を走ってはダメ！」と叱られた瞬間、なにを優先すべきかがその子のなかで上書きされて歩き出します。

このように書くと、「どれだけルールを徹底しようとも、守れない子どもをなくすことはできないのではないか」と感じられるかもしれません。しかし、そんなことはないと私は考えています。

教師による日常的な生活指導はとても大切なのですが、どれだけ口を酸っぱくして何度も口頭で伝えていても、子どもにとってその言葉は「百聞」です。〝だったら、「一見」できるようにしてみればよいのではないか〟と発想を変え、実際に私が廊下を走って見せたことがあります。「廊下を走る行為がどれだけ危険なことなのか」を見てもらうためです。

といっても、あるとき突然「これから先生が廊下を走るよ、どれだけ危ないか見ていてね」と言って走る姿を見せても、子どもにとって「一見」にはならないでしょう。そこには必然性も切実感もないからです。

ある日のことです。

「ちょっと急用ができた。すぐに職員室に行かなければならないから、先生、これから廊下を走るね」と子どもたちに言い放ち、ダッシュ開始。廊下を歩いている子どもに対しても、すれ違いざまに「ごめん、ちょっと急いでいるんだ」と声をかけながら走り抜けます。どの子もみな驚いた様子です。

隣の学級担任からあとから聞いた話によると、私の学級の子どもが息を呑むように私の走り去る後ろ姿を見つめていたそうです。

言うまでもなく、これはすべてお芝居です。事前に管理職の許可をもらい、ほかの先生方にも伝えていました。当然のことながら安全第一で、子どもとすれ違う際にも、角を曲がる際にも十分スピードを落とし、けっして事故にならないように配慮していました。

この後、教室に戻ってきた私は、廊下を走ったことを子どもたちに詫びたうえで、どういうふうに感じたかを尋ねてみました。

「すごく驚いた」

「なんか、怖かった」

「だれかとぶつかったら、ケガしてしまう」

「そうそう。危ないよ、先生」

　こうした言葉を引き取り、「みんなの言うとおりだ。どれだけ急いでいても走ったりしてはいけないね。もうしないよ。ごめんね」と伝えると、子どもたちはほっとした表情を浮かべました（その後、廊下を走る子どもがいなくなったのは言うまでもありません）。

　昔から、実体験を通して危険を学ぶ手法があります。たとえば、火の危なさを子どもに学ばせるため、触っても火傷しない程度まで熱くなった七輪にわざと触らせるといった手法です。これは、「七輪の前で悪ふざけするとケガをしてしまう」といった（条件反射的な）認識をもたせる学びであり、昔の人の知恵などと言われるものです。

　ただ、学校教育としては（このときはたまたま問題にならなかったというだけで）オススメできるような手法ではありません（後日、私自身もやりすぎたなと反省しました）。それに、「廊下を走ると危険だ」という認識をもたせる方法は、ほかにもあると思います。

　いずれにしても私が重視しているのは、言葉かけは欠かせませんが、それだけでは子どもの心の底までは染み込まないということです。そのような意味では、「百聞は一見に如かず」ならぬ、「百聞は一体験に如かず」といったところでしょうか。

　このような考えから、ほかにもこんな姿を見せることもあります。

1　朝、子どもたちの登校時や5分休憩などに教室掃除をする姿を見せる

教室は、気持ちのよい空間であってこそ、学び多き場になります。逆に、ゴミが散乱していれば、授業に身が入らなくなるばかりか、日々の学校生活そのものがすさみ出します。

こうしたことから、清掃活動が教育課程に位置づけられているわけですが、ややもすると「床にゴミが落ちていても、掃除のときに拾えばいい」などといった心理が子どもたちの間で蔓延してしまうことがあります。これも、掃除そのものは習慣化されているものの、そうすることの目的や意味が抜け落ちてしまっている状況だと言えるでしょう。

そこで私は、子どもたちが教室に入ってくる朝や5分休憩の時間などに掃除する姿を見せるようにしています。また、床にゴミが落ちていればさりげなく拾ってゴミ箱に入れたり、学級文庫の本が乱れていればさっと整頓したりしています。

すると、（気にもとめない子もいますが）何人かの子どもは私の所作をしっかり見ています。そんなふうにしていると、あれこれ言わなくとも私の真似をしてゴミを拾う子どもが現れます。学級全体とまではいきませんが、けっこうな数の子どもに伝播します。

こうした姿を見せるのもまた教師の振る舞い（教師行動）だと思います。

2　安全点検を子どもたちの前で行う（ただし、安全にできることに限る）姿を見せる

どの学校でも定期的に教室の安全点検を行っていることと思います。私は、そんな姿も子どもたちに見せるようにしています。たとえば、教室出入り口のスライドドアの具合を確認する、ゆるんだ椅子のねじをきつく締め直す、壁に手を当てて針の抜き残しがないかを確かめるといった案配です。

そんなふうにしていると、「先生、なにをやっているの？」と聞いてくる子どももがいます。私は「みんながケガをしたり、教室のものが壊れたりしないように安全点検をしているんだよ」と答えます。

そうするうちに段々と、「壊したりしないように優しくドアは開け閉めしよう」「椅子を傾けてゆらゆらしないようにしよう」「調子に乗ってはしゃぎすぎたりしないようにしよう」といった雰囲気が学級に醸成されます。

3　気持ちのよいあいさつを交わす姿を見せる

「あいさつ」もまた、どこの学校でも大切にしていると思います。学校全体で取り組む活動に位置づけているところもあるでしょう。私自身も特別活動主任を務めていたときには「気持ちのよいあいさつ」をテーマに掲げていたのですが、いっこうに浸透しません。

このとき参考にしたのが中学校の部活動です。

学校によって、あるいは部によってあいさつの仕方は違うと思いますが、共通しているのは顧問と生徒、先輩と後輩との間のあいさつの徹底です。もし怠るようなことがあると、一昔前であれば…

それはさておき、私が10代のころに在籍していた部では、「おざます！」と言い合っていました。言葉としては、「おはようございます」を非常に粗雑に略した表現なので、褒められた話ではありません。しかし、部員同士、お互いに元気な声で、しかもたのしげに言い合っていたものだから、顧問の先生もあえて咎めるようなことはしませんでした。

では、そもそもなぜ、中学校の部活動では、そこまで「あいさつ」が徹底されているのでしょう。

本来の目的は「何ごとも礼節をもって接する」ことだと思います。そのため、「あいさつ」を怠れば、相手に対して無礼をはたらいたことと同義であり、目上の相手から叱責されます。ただ、自分の過去を思い返しても、顧問の先生や部員と会ったとき、「しないと怒られるからあいさつしている」といった感じではありませんでした。

理由そのものはいろいろあると思いますが、私が思うに、「あいさつを通じて集団としてのアイデンティティが確立され、その場に自分が所属していることに対して心地よさを味わっているからではないか」と思われます。

翻って、私たち教師はどうでしょう。

朝、登校してきた子どもたちに対しては、笑顔一杯で元気よく「おはようございます！」と声をかけていると思います。帰りの会が終われば「さよなら」「気をつけて帰ってね～」「また、明日！」と声をかけていると思います。

では、教師同士のあいさつは？　朝、職員室に入ってきて、周囲の先生方にどのようなあいさつをしているでしょう。

恥ずかしながら以前の私は、蚊の鳴くような声で「おはようございます…」とあいさつしていました。退勤時にも同じような調子で「お疲れ様です…」とつぶやくか、会釈する程度。

ほかの先生方も似たようなものだったから、〝こんなものなのかな〟くらいにしか思っていなかったのですが、職員室や廊下での自分たちのやりとりを思い返し、〝あぁ、これだな〟と直感しました。〝あいさつの大事さを説きながら、私たち教師はまるで実践していない。だからか〟と思い至ったのです。

そこで、自分が考えたことを周囲の先生方や管理職に率直に話し、「私たち同士のあいさつが元気で、たのしげであれば、きっと子どもたちに波及するはずです」ともちかけてみました。幸い、賛同してもらえる声が多数上がったことで、すぐに実践に移すことができました。

子どもたちは本当によく先生同士のコミュニケーションを見ています。私たちの行動が変わったことで、（多少の時間差はありましたが）子どものあいさつも確実に変わっていきました。

話は変わりますが、私は日ごろから子どもたちに対して「あいさつ＋ポジティブα」を求め、自分でもそうするようにしています。

私からは「おはようございます！　今日は気持ちのよい天気だね」、子どものほうは「おはようございます！　休み時間にみんなと校庭で遊べるのがたのしみです」といった案配です。ちょっとしたことですが、あいさつにポジティブな言葉をつけ加えることによってワクワクした気持ちやうれしい気持ちが高まり、「あいさつするのはたのしい」といった気分が生まれます。

学校でのその子も、家庭でのその子も同じ「その子」

どの先生方も行っていると思いますが、保護者と面談する際には、学校での子どものよいところを交えながら話をするようにしています。すると、次の会話にも表れるように、学校での「その子」と家庭での「その子」の違いが浮き彫りになることがあります。

「Aさん、クラスでも本当によくがんばっていますよ。配付物を配ってくれたり、並ぶときには声をかけてくれたり、自分にできることを探してよくやってくれています」

「えぇー、本当ですか。家では全然そんなことしないんですけどね…」

学校では率先してがんばっているAさんと、家庭ではちっともお手伝いをしないAさん。どちらのAさんが本物なのでしょうか。学校でがんばっている姿は、Aさんの偽りの姿なのでしょうか。

もちろん、そんなことはないですよね。

すべての子どもがそうだとは言えませんが、学校にいる間の子どもは少なからず自分を演じています。それはなんのためでしょうか。家族ではないクラスメイトや教師からも、自分の存在をあたたかく受け入れてほしいと思っているからです。

子どもたちの多くは、学校にやって来ると、がんばっている自分、格好いい自分、やさしい自分を見せようとして、精一杯背伸びをしているのです。そういう子どもたちの姿を、私はとても愛おしいと思っています。

だから保護者に対して、「せっかく学校ではできているんだから、家庭でもできるようにしましょう」などとは絶対に言わないし、ましてAさんに対して「家でもお手伝いをしたほうがいいよ」などとも言いません。むしろ、「学校でがんばっているAさんのよさをどうやって価値づけるか、それを学級全体に伝えるか」について腐心します。

これは、子どもだけの話ではないように思います。（前述したように）学校での私は自分がたのしそうに掃除をしている様子を子どもに見せます。共用部分の安全点検も怠りません。しかし、わが家にいるときの私といったら…ちょっと恥ずかしくて書けそうにありません。

やろうと思っていてもできないことは、私にもたくさんあります。しかし、学校で教師として振る舞う私も、家にいる私も、どちらも本当の私です。どちらの私も人から認めてもらいたいし、それは子どもとなんら変わらないのだと思います。

子どもとの公平な関係について思うこと

1　ゲイン・ロス効果が起きないように自問する

子どもがこれまで「できなかったこと」が「できた」瞬間というのは、その子にとってはもちろんのこと、教師である私にとってもたいへんうれしいものです。

たとえば、漢字がすごく苦手でこれまでテストで満点を取ったことのない子が満点を取った。そんな出来事があれば、それこそテンションが上がって、「すごいよ、みんな聞いて！　Bくんがはじめて満点を取ったんだよ」と言いたくなります。

しかし、そんなうれしい出来事だからこそ、ここはいったん深呼吸して自問タイムです。〝いつも満点のCさん、ときどき満点を取れるDくんに対しても、自分はちゃんと褒めてきただろうか。満点はとれなくてもがんばってきた子どもたちに対しては？〟と。

もしNOであったにもかかわらず、Bくんを褒めちぎる姿を他の子どもたちに見せたらどうでしょう。やさしい気持ちから拍手でBくんを讃えてくれるかもしれません。しかし内心、〝自分だってがんばっているのに…〟〝前に満点を取ったときに先生は褒めてくれなかった〟などと、心がチクチクしている子どももいるはずです。それでは、その子たちのがんばりが報われないことになってしまいます。

素行がよくない人が人助けすると賞賛の声が上がり、真面目な人が人助けをしても当たり前だと思われてしまう。これをゲイン・ロス効果と言うそうです（一昔前はヤンキー効果などとも言われていたそう）。

教育現場は、そのような場であってはならないのだと思います。それだけに、「子どもに対して私は、日ごろから公平に接しているか」と常に問いながら、自分の振る舞いを考えています。

公平さを担保しながら特定の子どもも褒める方法の一つに挙げられるのが、全体に向けた価値づけです。

たとえば普段悪ふざけばかりして真面目に掃除をしようとしないEくんがしっかり取り組んでいたら次のような話をします。

「掃除をきちんといつもやってくれていた人たちのおかげで、クラス全員が一生懸命に取り組むようになったね。集中をつづけるのがむずかしかった人も、改善しようとがんばってくれたことも素晴らしいです。引き続きみんなでがんばろう」

もし、Eくんを直接価値づける必要を感じるのであれば、一人でいるときなどをねらってそっと声をかけます。

公平であることのむずかしさは、日ごろから自分のなにげない振る舞いを意識していないと維持できない点にあります。

たとえば、休み時間中の子どもとの談笑。たのしいですよね。子どもたちとの心の距離を縮めるチャンスでもあります。その一方で、特定の子どもとばかり話すのであれば、周囲の子どもに〝あの子たちとばっかり〟と感じさせたり、〝自分は大事にされていないのかな…〟などと不安にさせてしまうこともあります。

子どもたちの呼び方などもそうでしょう。ある子には「ちゃん」づけにしてみたり、敬称をつけずに下の名前を呼んでみる。それに対して、ほかの子に対しては名字に「さん」づけしているのであればどうでしょう。前者の子は教師の存在を近くに感じ、後者の子は遠くに感じるかもしれません（もっとも、人間関係ができてもいないのに前者の振る舞いをすれば、近くに感じてもらえるどころか嫌われてしまうこともありますが…）。

談笑も呼び方も、子どもに対する親愛の情を示す行為です。問題は特定の子にだけしてしまうことにあるわけですが、みんなに対してすべて同じ振る舞いにすれば、子どもとよい関係を築けるわけでもありません。均一的な接し方では、子どもとの距離を縮めにくいからです。

こんなところに、公平さと親密さを両立することのむずかしさがあるわけですが、子ども一人一人受け止め方は異なるので、杓子定規に考えずにまずは「自分らしく子どもたちに振る舞いながら、不公平な状況を自らつくっていないだろうかと自問することを忘れない」というくらいのゆるさでもよいのかもしれません。

2　教師同士のヒエラルキーを子どもに感じさせない

ひとたび教職という職に就けば、職歴に関係なく子どもたちの前に立ち、教師として振る舞います。子どもにしてみれば、「先月まで大学生でした」とか、「かれこれ20年以上教師をやってます」などといったことは関係ありません。

それに対して、私たち教師同士ではどうでしょう。管理職はさておき、（職階が同じであっても）経験年数に応じた序列めいた関係性があると思います。それ自体は悪いことではありません。若手であれば、ベテランから学ぶことはたいへん多いし、ある意味、師弟的な関係性が生まれるのも自然なことだと思います。

私が問題にしたいのは、そうした「教師同士の序列的な関係性（ヒエラルキー）を子どもに感じさせたくない」ということです。

どのような教師にも年齢や経験に応じた特性があります。若手であれば新しいことにチャレンジするエネルギーが旺盛だろうし、ベテランであればリスクマネジメントに長けているでしょう。子どもにしても、年齢や経験に関係なく「A先生はちょっと苦手だけど、B先生とはすごく話しやすい」といった相性などもあるはずです。

すなわち、子どもたちと同じように教師もまた、それぞれに多様なよさをもっているということです。そうであれば、「うちの学校には、いろんな先生がいておもしろいよね」と子どもに思ってもらえるほうが、いろいろなことがうまくいくように思うのです。

逆に、「自分の学級のA先生よりも、1組のB先生のほうが偉いんだ」とか、「いろんな意見が出たのに、C先生がなにか言えば、それに決まっちゃうんだ」などと子どもたちに思わせてしまえばどうでしょう。子どもが安心して伸び伸びと学校生活を送る間口を狭めてしまうように思います。

そこで、たとえば、学年集会や行事での全体指導の場などで教師が前に立つときにも、特定の教師が切り盛りするのではなく、何人かの先生が入れ替わりで話をするようにしています。

学年レクなどでも、子どもたちと一緒になってたのしむ担当と、全体をまとめる担当を固定化しません。どんどん入れ替えていきます。そうするだけでも、「A先生は厳しいことばっかり言う」「B先生はいつも遊んでくれる」といった先入観を子どもにもたせずに済みます。

3　機会の平等性よりも振る舞いの公平性のほうが子どもの心に響く

子どもは、学校生活の些細な場面でも、〝Aちゃんと比べて、自分は…〟などと思っては、そのたびに一喜一憂します。そんなふうに心が揺れ動くのは、「自分はいつだって、だれかのお気に入りであってほしい」という思いを隠しもっているからです。その思いの強弱には個人差がありますが全方位で、クラスメイトに対しても教師に対しても向けています。

1日の授業全体を通して平等に指名していても、休み時間などに「先生って、Bさんばっかり当てるよね」といった声があがることがありますよね。それって、なぜなのでしょうか。

私が思うに、その子は自分が発言できた回数の平等性を問題にしているわけではないのだと思います。〝Bさんのほうが、自分よりも先生のお気に入りなんだ。そんなのいやだ〟という感情が動いているのです。では、いったい教師のなにがその子にネガティブな印象をもたせしまっているのでしょう。

これもまた、教師の振る舞いです。たとえば、その子を指名したときはそっけなく、Bさんを指名したときはやさしげな調子だったとしたら？　言うまでもなく、その子は不公平感をもつでしょう。

私たち教師も人間だから、どの学級であっても、気が合う子とそうでない子、話しやすい子とそうでない子はいるものです。ただそこはプロフェッショナルに、教師としてのペルソナを身にまとう必要があると思います。

つまり、**子どもによって振る舞いを変えるのではなく、**（たいへんむずかしいことですが）**子どもたちの成長を促す場面によって喜怒哀楽を演じ分けることによってこそ、子ども**

たちに公平感をもたせられるのだと思うのです。

褒めポイントの信憑性を上げて、自己肯定感を高める

　子どもたちには、毎日なにかしら褒めどころがあります。帰りの会で、子どもたち同士で「いいとこみつけ」をする活動を取り入れているのも、そうしたよさやがんばりに目を向けさせるためでしょう。ただ、ひとたび「毎日、だれかを褒めないと家に帰れない」という受け止めが生まれてしまえば、活動そのものが有名無実化してしまうに違いありません。

　だれかから褒められればうれしいものですが、実(じつ)や心の伴わない褒め言葉は、ときとして不愉快な気持ちにさせられることもあります。また、当事者から褒められるだけが、価値づけでもありません。第三者を介した褒め言葉のほうが、ずっと心に響くこともあるからです。

　たとえば、ある先生から「今日の授業、とてもよかったよ」などと声をかけられれば、うれしい気持ちになります。ただ、もしその先生との関係性が芳しいものでなければ〝本当にそう思っているのかな…〟といった疑念が湧いてしまうこともあります。

それに対してB先生から「A先生が、『今日の授業、とてもよかったよ』って言ってたよ」と声をかけられたのだとしたらどうでしょう。俄然、信憑性が高まり、疑念どころから額面どおりうれしい気持ちで心が満たされるのではないでしょうか。

こうしたことを子どもたちへの価値づけにも応用できないものかと考えて行っていることがあります。全体への価値づけは私から、個別の価値づけはほかの先生から行ってもらうという方法です。

たとえば委員会活動などは、他の学級の子どもたちを価値づける絶好の機会です。私は放送委員会を担当することが多いのですが、子どもががんばっている姿を目にとめては、全体に対して褒め言葉を贈っています。その際、個別に価値づけたいときには、次のように振る舞っています。

「A先生！」（担任の先生を呼び止める）

「なんでしょう、田屋先生」

「Bさん、今日すっごくよかったですよ！」

「ええ⁉　なにかあったんですか？」

「給食時間の放送でクイズとかやってますよね」

「ええ」

「Bさん、委員会で集まる前にクイズをつくってきてくれてたんですよ。それもたくさん」

「あー、そういえば、休み時間とかにやってたかも！」

「普段から委員会活動のためにできることを考えてくれていて感心してたって、伝えてもらっていいですか？」

「わかりました！」

こんな調子です。

翌日、今度はクイズだけでなく新しい企画をもってきてくれたBさん。きっとA先生が私の言葉を伝えてくれたのでしょう。

褒め言葉を伝え聞いたあとに、どのようなアクションを起こすのかはそれぞれだと思いますが、子どものやる気に火をつける方法の一つであることは間違いないようです。

第3章

子どもの存在感が際立つ授業をつくる～子どもを村人Aにしない

子どもを「村人A」にしてしまう授業

私は「子どもたちそれぞれが、自分の個性をありのままに出せる授業」をめざしています。聞き方や話し方などのインプットやアウトプット、調べ方や考え方などのパフォーマンスが、自分らしいいい流儀で行えてこそ、一人一人の存在感が際立つと考えているからです。

逆にもし、教師によって決められた型（硬直的なスタンダード）どおりにしか授業を受けられないのだとしたら、子どもは教師から与えられた（セリフはあるけど役名のない）「村人A」を演じるほかなくなります。たとえば、次のような型です。

［過度の授業規律］

- クラスメイトが立って発言する際には必ず体を向け、姿勢を正して発言者を見上げる（たとえ聞いていなくても、型どおりの行動だとみなされれば賞賛される）。
- ノートは先生が指示した取り方に従う（それ以外の方法は容認されない）。
- 話し合うときの話型から外れると注意される。

●授業中のつぶやきは私語だと見做される　など。

［予定調和の授業展開］

●教師が一方的に提示した問い（学習問題や探究課題）に則って学習が進む。
●板書によって学習が過度に誘導される。
●教師が求めている意見しか生かされない（その他の多くの発言はなかったことになる）。
●塾で習った先行知識は発言してはいけないことになっている。
●教師が学習のまとめをする　など。

右に挙げたことを強いれば、教師から自分に与えられた役（学力上位層の子どもは村人A、中間層の子どもは村人B、下位層の子どもは村人C）を子どもたちに演じさせることになります。そこまで極端ではなくとも、教師自身がしたいことや求めることに比重がかかりすぎた授業の場合にも、それと近いことが起き得ます。

指導案を見ていても、〝あぁ、この授業では自分の設定したゴールに子どもを追い込むような授業になるな〟などと予見されることもあります。指導案に書かれた「予想される子どもの反応例」が、「教師がしてほしい反応例」となっているときです。

「私は、○○だと思います。なぜかというと□□だからです」という話形一つとっても、そのようにしか言ってはいけないのであれば、子どもが発言する自由度は「○○」と「□□」の部分に限定されてしまうでしょう。

私は、話形そのものを否定したいわけではありません。発言の仕方がわからない子どももいるからです。ただしその場合にも、やはり厳格な型としてではなく、ゆるやかな例示である必要があると思います。

そのように考える私は、休み時間中に子どもがクラスメイトに雑談するような感じで発言してもらいたいと考えています。たとえば、こんな発言です。

「まだちょっとまとまってないんだけど、大造じいさんって『あのいまいましいガンめ』って言ってたじゃないですか。それが最後『ガンの英雄』って呼び方になってるから、ライバルとして認めたというか…う～ん、なんて言ったらいいのかなぁ」

この子がなにを考えたのか、どんなことに迷っているか、その子らしさが伝わってきますよね。

こうした発言には、クラスメイトも乗っかりやすいらしく、「あ、わかる。それってさ…」とつながろうとします。そうした連鎖が生まれる対話を私は重視しているのです。

子どもが自分の学びをおもしろくする授業モード

子どもの存在感が際立つ授業の姿は、なにも特別な姿ではありません。休み時間や給食の時間、放課後に友達と遊んでいる時間に子どもたちが見せる姿そのものだからです。

授業中にペアやグループで話し合う活動であれば、帰宅途中に「これからどんな遊びをしようか」といった風情で友達同士、忌憚なく自分の考えを言い合える、教師の発問に答える際であれば、休み時間に「先生、この間こんなことがあってね」と話しかけるような調子で発言できるのが理想です。

もし、子どもたちが規律に縛られた授業への固定観念をもっているのだとしたら、それをどうやって払拭するか。こうしたことを視野に入れながら、次に挙げる雰囲気を「自分」でいられる授業づくりモードのベースとします。

[雰囲気ベース]

- いつもの「自分」でいられる（不自然な話型や問いかけなどに拘束されない）。
- 思ったことや言いたいことを素直に伝えられる。

●ＰＣで調べたい、話し合いは10分必要など、子どもの意向が反映される　など。

このベースのうえに次に挙げる授業モードを乗せ、子どもたちをサポートします。

［授業モード］

●自分なりの課題をもつ。
●（話し方・聞き方、調べ方・まとめ方など）どのような学び方が自分に適しているかを知るために試行錯誤する。
●どうすれば自分たちの学習をたのしいものにできるかを考える。
●話し合いは、お互いの考えを尊重しながら自分の学びにつなげていくおしゃべり活動にする。
●自分の学習状況をリフレクションしながら自己調整する。
●困っているクラスメイトがいれば手を差し伸べる　など。

これは、子どもたちの遊びにも当てはまります。お互いにじゃれ合ってたのしむ遊びもあれば、真剣に取り組まないとつまらなくなってしまう遊びもあります。授業モードは、後者に当たります。言わば、本気の遊びモードだということです。

そもそも子どもは遊びの天才です。「こうすれば、もっとおもしろくなるはずだ」と思いつけば、どんどんルールを変えたり、つけ足したりしていきます。下級生が遊びの輪に加われば、だれが言うともなしに「どんなハンデをつけるか」と話し合いがはじまるし、真剣に取り組んでいないと「（みんなでたのしめるように）ちゃんとやろうよ」と声をかけ合います。こうした**子ども一人一人の柔軟な発想力や行動力が発揮できる授業であれば、おのずとどの子の存在感も際立つ**ようになります。

つまり、授業モードとは、子どもたちが自分の学びをおもしろくするためのものなのです。一度でもそのたのしさを知った子どもたちは、がんじがらめの規律正しい授業には戻りたがらなくなります。

「自分」の素のままに考えをつなぎ合う授業

たとえつたなくとも、自分らしい言葉で一生懸命に考えを伝えようとする姿は、その子の個性がにじみ出ていて、できるだけ時間を割いて聞いてあげたくなります（周囲の子どもたちもそう感じるようです）…などと、いまでこそそう思うのですが、かつてはテンポよく教師と子どもの対話が進むほうがよいと考えていました。

当時の様子をざっくりととりあげると次のような調子です（教科は算数）。

T「この表を見て、なにか気づいたことある人？」

C_1「私は、２つの倍数のなかに同じ数字があると思います。どうですか？」

C_2「同じです！」

C_3「似てます！」

C_1「C_3さん、どうぞ」

C_3「わたしは、その同じ数字のときが、２つの数の倍数が重なるときだと思います」

一見すると、規律正しくテンポよく対話しているように見えるかもしれません。しかし、その一方でC_1の子もC_3の子もどんな表情をしながら発言しているのか、イメージが湧かないのではないでしょうか。悪い対話ではないのだけど、村人感が拭えず没個性的です。

それに対して、現在ではおよそ次のように対話しています。

T「この表を見て、なにか気づいたことある人？」

C_1「片方は3、6、9、12、15…ってつづいてる。奇数？」

C_2「偶数もあるから、奇数の集まりじゃないんじゃない？」

C_3「もう片方は4、8、12、16…ってなってる」

C_4「わかった。これさ、九九になってんじゃない？」

C_5「九九…？　あっ、3の段と4の段になってるってこと？」

C_4「そうそう！」

C_6「前回習った言葉だと、3の倍数と4の倍数じゃない？」

C_5「それかも！」

C_8「4の倍数は偶数だけになってるね」

C_2「偶数にはなにを掛けても偶数だからね」

C_9「2つの数が重なるときって、この12のことじゃない？」

C_6「あーそれ、公倍数ね。一番小さいから最小公倍数」

$C_{多数}$「公倍数…？」

T「すごいすごい、そこまでつなげたんだね。それと、『公倍数』っていう知らない言葉が出てきたから、いったんとめようか。C_6さんこの言葉を知っているみたいだから、ちょっと説明してくれる？　その後で教科書でも調べてみよう！」

正直なところ、テンポがよいとはいえないかもしれません。規律正しさともほど遠く、休み時間に流行りのドラマの話題で盛り上がっているかのような対話です。しかし、それぞれが自分のもてる知識を、もてる言葉で一生懸命に伝えている様子が伝わるかと思います。加えて塾などで学習した先行知識をもち出すのも禁じ手とはしていません。むしろその発言を拾って調べ学習にもっていこうとしています。

どちらがよいかは好みの分かれるところかもしれませんが、たとえたどたどしくても、「自分の考え」を「自分らしく」「自分の言葉」で伝え合う授業を、私はよしとしています。

そこで、40人という人数の集団で、対話的な学びを成立させるため、つぶやきを含むすべての反応も拾い合いながら、次から次へと発言をリレーしていけるよう、私は全体に対して相互指名の仕方をしっかり伝えています。

具体的には、以下の方法です。


【相互指名の方法】

①思いや考えがあれば、基本的に手を挙げる（強制はしないが、発信することがプラスであることを年度はじめから伝えている）。手を挙げるのが恥ずかしければ、隣の友達や班の学習リーダーにお願いする（班決めなどの際、班長・給食・清掃・学習などの役割分担をしている）。
②発言者が話しているときに「それはさー」「ちがくない？」「さっきも言ってた」といった言葉でさえぎるようなことはしない。「あー」「たしかに」「なるほどー」などといったつぶやきはどんどん行うよう促す。
③発言をつなげたい場合には、「似ています」「それに対して意見はある！」などとアピールし、

発言者はその人を優先して当てる（私自身は形は決めていないが、手をチョキなど、子どもたちが決めた方法があればそれで統一するのでもよい）。

④発言をつなぐときは、相手の顔を見て名前を呼んで当てる。

また、だれからも手が挙がらず相互指名が成り立たないようなときには、次のような方法を取っています。

● 子どもたちに、いまどのような状況にあるのかを聞く（「問いがわからなくなった」「もう少し考える時間がほしい」など）。
● 子どもが必要としていれば、ペアや班で話し合う時間を設ける（なるべく相手を特定して話し合えるようにする。このとき、話したメンバーのなかでだれが代表して発信するかを決めておく）。
● それでも子どもの考えが浮かばないようであれば、補助発問か次の発問を入れ、対話する内容も変える。あるいは、手を挙げて発言するという方法をやめ、だれを当ててもいいことにし、指名されたら発言するルールに切り替えるという方法もある（ただし、この方法は学級内で話すことが苦手な子への配慮が行き届いているなど、子どもたちの関係性が良好に保たれていることが前提となるので注意が必要）。

「夢中」だから、見たい、聞きたい、学びたい

人の話に前のめりになるのはどんなときか。いくつかのシチュエーションが挙げられると思いますが、シンプルに考えれば「自分が興味のある内容のとき」でしょう。

授業であれ、休み時間であれ、自分の好きなこと、興味をもっていることが話題にのぼっていたら、「なにを話しているか」と気になって、自分も対話や会話に加わろうとします。その内容が自分のツボにはまっていたら、それこそ前のめりになるでしょう。

それとは別に、興味などなかったのに引き込まれて、前のめりになってしまうケースもあります。それは、「相手が夢中になって話をしているとき」です。

私には、日本のアニメーションを愛してやまない友人がいます。その彼と会うと、「今期はこれこれのアニメがあって、推しはこれなんだよね」などと、熱く語り出します。

学校でも子どもたちがもち出す話題でもあるので、最初のうちは〝情報を仕入れておくかな〟くらいの気持ちで耳を傾けるのですが、彼の話にだんだんと引き込まれていきます。彼があまりにも夢中になって話をするからです。

最後にはいつも〝自分もちょっと観てみようか〟という気持ちになっていきます（実際

に全話一気視聴してしまったこともしばしば）。

こんなやりとりをしているうちに、次のように考えるようになりました。

興味がない話題であっても、相手が夢中になって話をしているのを聞いているうちに、段々と興味が湧いてきて、心が動かされることがある。

ただし、相手が夢中に話してさえいれば、どのようなシチュエーションであっても、興味をもつようになるわけではありません。たとえば、そのように話をしている相手が住宅販売の営業マンだったとしたら？〝いますぐ買わされるんじゃないかな〟と警戒心のほうが先立つのではないでしょうか。

このことからもわかるとおり、相手との関係性いかんで、影響を受ける度合いが大きく変わるということです。

〝そこまで言うんだったら〟という気持ちが湧くかどうかは、相手との親密度と大きく関係する。互いの距離が近いほどに、相手の夢中が自分に伝染する。

授業に置き換えて考えてみましょう。

たとえば、授業の冒頭「分数の足し算」という言葉を耳にして「おぉぉお」と歓声を上げる子どもはいません。日常生活にコミットする話題ではないし、はじめて耳にする（先行知識のない）教育用語に対しては〝ちゃんと理解できるだろうか〟と不安感のほうが先立ちます。当然、事の最初から興味・関心をもつことなど考えられません。

ここに、子どもたちの興味・関心を喚起する導入を創意工夫する必要性があるわけですが、ここで話題にしたいのが「夢中」です。

発言する子（話し手）が、夢中になって説明している姿は、周りの子（聞き手）の「聞きたい」と思う気持ちを引き出します。学習の文脈においてそうした発言が生まれるためには、話し手が高い課題意識をもっていることが必要です。言い換えれば、目の前にある課題を本気で解きたいと思っているから夢中になれるわけです。

このように考えれば、導入一つとっても、「今日のめあては、『分数の足し算の仕方を考えよう』です」などと教師が一方的にめあてを提示するだけでは、子どもたちの興味を喚起することはむずかしいことがわかります。

そこで私は、子どもたちのほうから本時のめあてが生まれるように対話しています。

T「前回はどんなことを学習したか覚えてる？」

C「分母をそろえた」

C「通分っていう名前を覚えました」

T「そうだったね。ところで、どうして通分が必要になったんだっけ？」

C「分母も分子も違って、比べづらくなったから」

T「どっちのピザが大きいかって比べていたものね。これさ、『大きいピザを食べるならどっち？』って考えたけど、どっちも食べたかったら、どれくらい食べられるかな？」

C「めっちゃたくさん食べられそうじゃない？」

T「めっちゃって、どれくらい？」

C「4分の1枚と3分の2枚でしょ。ほぼ1枚じゃん！」

T「じゃあ、ほぼ1枚って答えでOK？」

C「いや、それじゃだめ」

C「これもさ、たぶん通分使うんだよ！」

C「どういうこと？」

T「待って待って、ちょっといま、なにをしようとしてるの？」

C「2つのピザを合わせたいから、通分して…」

T「なるほど。2つのピザの合わせ方を考えてるんだね。みんな、これすぐ答えをだせそう?」

C「はい!」

C「うーん」

C「少し時間あれば…」

T「わかった。そしたら今日は合わせ方だね。どんなめあてで学習する?」

C「2つのピザの合わせ方を考えよう!」

C「んー。ピザというか、2つの分数の合わせ方を考えようとか?」

C「合わせるって足し算だから、『分数の足し算』でいいんじゃない?」

C「たしかに!」

このときは、たまたま指導書の文言そのままのめあてに落ち着きましたが、「自分たちは今日の授業でなにを学ぶのか」「なにを理解したいのか」をつかみ、夢中になって学習に取り組んでくれるのであれば、どんな文言だってかまいません。「ピザをどっちも食べられるとしたら、どれくらい食べられる?」だっていいのです。

それともう一つ必要となるのが、だれかの夢中が伝染する子ども同士の関係性です。これはどちらかというと学級経営の領分だと思いますが、子ども同士の対話を通してめあてを立てる取組も、そうした関係性の構築に一役買えるはずです。

40人の学級であれば、40人全員が互いを友達のように思える関係性が築かれていれば、教師があれこれ言わなくても、子どもは友達の発言につながろうとします。友達だからこそ、どんな考えをもっているのか知りたくなるし、自分の考えも言いたくなるからです。

失敗＝間違え方を見つけられた「自分」に出会わせる

みなさんも一度はこんな言葉を耳にされたことがあると思います。

- 教室は間違うところだ。
- 失敗を恐れずにチャレンジすることが大切だ。
- 失敗は成功のもと。
- どんな偉大な人も、多くの失敗をしてきた。

いずれも「失敗」をポジティブにとらえ直そうとする言葉です。私自身も子どもたちに対して、「失敗を恐れず挑戦しよう！」とか「間違ってもいいから！」などと声をかけることもありますが、その言葉かけに効果を感じることはあまりありません。

日本人は、世界で最も「不安になりやすい民族」だと言われます。諸説あるようですが、（幸せホルモンであるセロトニンの働きを弱めてしまう）セロトニントランスポーター遺伝子のS型の割合が世界で最も高いことが原因の一つに挙げられます。

幾多の自然災害を生き抜くうえでは、ネガティブな因子が強く働くほうが有利だったのではないかという仮説もあるようで、それらがもし正しいのであれば、子どもたちも私たちも、「失敗を怖れる気持ち」が強いのは自然なこと、だからそれと上手につき合いながら創造的な営みをつくることに気持ちを向けていくことが大切なのだと思います。

さて、「失敗」と一口に言ってもいろいろあるわけですが、子どもたちはどのようなときに「しまった。失敗した！」と感じるのでしょう。

身近なところから列記してみます。

- 遅刻してしまった。
- ろうかを走ったら叱られた。
- 友達とけんかしてしまった。
- 授業で発言したら、間違いを言ってしまった。
- 忘れ物をしてしまった。

●授業や委員会などの発表がうまくいかなかった。
●委員会の仕事をさぼってしまった。
●係活動で漫才を披露したらシーンとしてしまった。
●運動会のリレーで転んでしまった　など。

一口に失敗といっても、成功しようとがんばったけれど起きてしまった失敗もあれば、気を抜いてしまったり、いっときの感情に身を任せたりしたがために起こしてしまった失敗もあります。

ここで話題にしたいのは、その子の成長につなげられる失敗を「ＰＤＣＡ」の「Ｄ（Do）」に位置づけることです。

そこで私は、そうするための舞台を総合的な学習の時間に設けるようにしています。**「失敗」を「課題」とみなせるようにすることで、取り返しのつかない「結果」としてではなく、なにが自分を失敗に導いたのかを知る「材料」にする**ためです。

その実践の一端を紹介しましょう。

［学年］ 5年

［テーマ］ 共生社会

［課題の設定］ 4年生のときに行ったアメフトチームの紹介やアメフトの体験会などを振り返り、「どうすればより多くの人たちがスポーツをたのしめるか」（課題意識）に着目。

［情報の収集］ だれでもたのしめるスポーツや、その他の分野（食・遊び・環境など）についての情報収集。

［発展的課題］ 「だれでもたのしめるスポーツ」についての情報収集を通して、「だれでも幸せになれる社会をつくりたい」というテーマへ発展（食事・遊び・環境・学びなどについても情報収集）。

［整理・分析］ 専門家から学んだり、ペア学年の3年生を対象に実践したりして、成果と課題を分析。

※2学期は全校に向けた取組、3学期は地域を招いた取組を設定しておくことで、それまでの間に「どのような場合にうまくいかないのか」（失敗する要素や失敗パターンなど）を洗い出しておく（その際、「うまくいったことにばかり目を向けていると、活動が小さくなってしまう。だから、この段階でできるだけ失敗をしておこう」と子どもに伝えている）。

［まとめ］ 3年生に対して活動した際に浮き彫りになった「足りなかったこと」「たのしめなかったこと」（失敗）を材料とし、改善策を練ることを通して次の探究サイクルの課題を設定。

キーは、3学期に行う地域を対象とした活動をゴールとしていたことです。そうすることで、「それまでの失敗は、すべて最終的な成功を勝ち取るために欠かせない材料である」といった受け止めが、子どもたちの間に浸透していきました。

そのおかげで、3学期の活動においても、「いかにして失敗しないようにするか」ではなく、（これまでの失敗を糧にして）「いかにして成功に導くか」といったメンタリティーで臨むことができたように思います。

こうした「失敗の価値に気づき、どのような条件のもとで、自分たちは失敗するのかを知り、それを材料として改善する」といった取組は、教科等の授業場面だけでなく、学校生活上のさまざまな場面で設定できると思います。

たとえば、キャリアパスポート（子どもたちが小学校から高等学校までのキャリア教育にかかわる活動について記入し、記録を保管するポートフォリオ）を活用し、失敗を糧に改善策を考えられるようにするのも一手でしょう。

問い返しを行うのは、「自分も以前…」「自分だったら…」といった発言が現れたとき

あるとき、勤務校の後輩からこんな質問を受けたことがあります。

「『問い返し』についてなのですが、『どのような場面でそうするのか』基準とかありますか？」

その場では、はっきりと答えを見いだすことはできませんでした。正直なところ、感覚的にしていたことの一つだったので、言語化されていなかったからです。

その場では次のように答えました。

「意見が抽象的なときやもっと深まりそうだと思ったときかなぁ。だけど、予定調和にはしたくないから、『これこれの発言があったら問い返しをしよう』といった明確な基準を設けているわけではないよ」

その後も、後輩からの質問が妙に気になっていて、あるとき研究会に所属する先輩教師たちにも聞いてみました。すると、およそこんな言葉が返ってきました。

●ある子の発言の内容を周囲の子どもたちが理解できていないと感じたとき。
●意見が抽象的で具体がわからないとき。
●課題に対して迫れる意見のとき。
●クラスに「！」「？」といった気づきや疑問が感じられたとき。

こうした意見を耳にした私は、〝自分はどのようなときに問い返しをしているのだろう〟と改めて考えてみました。その結果、行き着いたのが、「子どもの発言のなかに『自分も以前…』『自分だったら…』が現れたとき」でした。

ここでは、道徳科の授業（内容項目は「友情」）を例にしてみます。

［課題の設定］ 価値との出合い

授業の冒頭では、「友情ってどんなときに感じたことある？」などと問いかけ、意見を出し合いながら全体で共有できる「？」を見いだします。

［展開①］ 教材対話（範読）

「お話のなかで、どんなところに友情を感じるか、考えながら読もう」と伝え、範読に移ります。範読後は、読み聞きして思ったことを出し合います。

［展開②］ 価値対話

教材について感じ考えたことを対話しているうちに、「自分も以前…」「自分だったら…」といった発言が混じりはじめます。この発言は、学習課題を自分ごとにしようとしている姿です。この自分ごとを深掘りするために問い返しを行います。

対話例を挙げると次のような感じです。

C_1「（登場人物が）相手のために行動したところに友情を感じたんだけど、自分も前に似たようなことがあって。算数の問題が解けずにいたら、友達が一緒に考えてくれたんです」

T「算数の問題を教えてくれたことに友情を感じたの？」

C_1「それもなんですけど、友達のほうも解けない問題があって、それなのにぼくの問題のほうを優先してくれたんです。いま思えば、それが友情だったんじゃないかなって」

T「自分より相手を優先するのが友情ということなんだね」

C_2「うーんと、そういうわけでもないんじゃないかな。相手のためって気持ちがさ～」

T「相手のため？」

C_2「おせっかいって言葉があるみたいにさ、自分勝手に相手にしてあげるのは友情ではないと思うんだよね」

C_3「あ～、わかるかも。自分だったら心から相手のためになってあげたいって思ったときかな。そういう気持ちが友情な気がする」

T「心からってどういうことなのだろう？」

C_3「こうしてあげればいっかみたいな、適当な感じは友情じゃないと思う」

〜続く

「自分も以前…」「自分だったら…」という言葉は、いずれもその子の過去の体験などをよりどころにしています。そのため、教師による問い返しによって、答えに窮することはありません。むしろ、自分の考えを広げたり深めたりしようとする発言が生まれます。のみならず、学級全体の話し合いの内容までも深めるきっかけにすることができるのです。

「当事者意識」を感じさせる教師の振る舞い

学級開きの際に必ず伝えていることがあります。

「これから1年間、先生はたくさんの大切なことをみんなに伝えていきます。本当は一人一人と向き合いながら伝えるのが一番よいのだけど、そうするには時間が足りません。だからいま、こうしているように、みんなに向かって伝えていきたいと思います。だけど、一人一人と向き合っている気持ちで話しているので、みなさんも先生と1対1で向き合っているときのように聞いてくださいね」

このように言うのは、教師のどのような言葉も、当事者意識をもって聞いてもらいたいと思っているからです。

学校生活を共にするなかで、特定の子どもと1対1で向き合い、話をする機会はそう多くありません。朝の会、授業、給食、休み時間、清掃、帰りの会など、ほとんどの場において教師と子どもとの関係は1対多です。つまり、個別指導よりも全体指導のほうが圧倒的に多いということです。

それ自体は自然なことですが、教師のほうがしっかり意識して振る舞わないと、子どもの側の当事者意識が薄らいでしまうことを私は懸念しているのです。

そこで私は、次に挙げる振る舞いを重視しています。

- 1日のうち複数回ある全体指導のいずれかで、どの子とも一度は目を合わせるようにする。
- 子どもを価値づける際には、その子の近くに歩み寄ってから話をする。
- 特定の子どもたちにのみ関係のある話については全体で行うようなことはしない（時間と場を設定し、その子たちだけを呼んで話をする）。

1番目に挙げたことは特に強く意識している振る舞いです。なかなか目が合わないと感じることもありますが、そのときはその子の近くに歩み寄るようにしています。どの子にも〝先生はいま、自分に対して話をしているんだ〟と感じてもらうためです。

2番目に挙げた価値づけを行う際には、必ずその子の名前とセットで話しかけます。「Aさん、今日の朝の放送聞きやすかったよ。いいね！」といった調子です。

これは、朝のあいさつのときなども同様です。（数人で教室に流れ込んできたときなどはむずかしいですが、できる限り）「Bくん、おはようございます！」と声をかけます。いずれも、どの子にも、〝自分に向けて話をしているんだ〟と意識させる教師としての私の振る舞いです。

教師である「私らしさ」を子どもたちに感じてもらう

私は日ごろから「次の授業をたのしみにしている姿」を子どもたちに見せるようにしています。たとえば、「今日の道徳は礼儀についてだったな〜。みんながどんなことを言ってくれるのか、いまからたのしみだわ」といった振る舞いです。

といっても、無理にそうしているわけではありません。〝たのしそうだ〟〝おもしろそうだ〟と思ったことがあれば、心のなかにとどめず、積極的に口に出しているということです（思っていないことを口にしていてもそらぞらしいだけだし、子どもにも見透かされます）。

そうするのは、教師である自分の素を子どもたちに感じてもらうためです。心のなかにあるポジティブな感情は、目に見える振る舞いに現れてこそ、子どもたちに伝わります。それに、自分の担任がたのしそうにしていると、子どものほうもうれしい気持ちになるようです。

逆に、〝今日は体調が悪くて授業を行う気分じゃないんだよな〟という気持ちが伝わるような振る舞いはできる限り隠します。教師のポジティブな振る舞いが子どもによい影響を及ぼすのと同様に、ネガティブな振る舞いは、子どもを不安にさせたり落ち込ませたりするからです。

加えて、「驚く」「笑う」ことも大切にしています。

たとえば、「先生、ちょっと聞いてくださいよ。すごいこと、思いついちゃったんです」などとうれしそうに話してくれたことが、私にとっては当たり前の知識だったとしても、「そりゃまた、おもしろいことを思いついたね！」と驚いた調子で返します。

といっても無理して演技しているわけではありません。私は「子どもが発見した内容」に対して驚いたわけではなく、「その内容をその子が自分で発見できたこと」に対して驚きの声を上げているのです。

ほかにも、子どもがとっておきの笑い話をしてくれたものの、ちっとも私のツボにはまらなかったときには、「その話のどこがおもしろいのか、先生にはよくわからないよ〜」などと笑いを交えながら言います。そんな言い方であれば、「こんなおもしろい話なのにわからないだなんて、先生、お笑いのセンスないよ〜」と、子どものほうも大笑い。

子どもの知的発見のほとんどは教師にとって既知であり、子どもは大人が感じるのとは異なるお笑いポイントをもっています。だから、その子が口にした内容を額面どおりにどう思うかという目線で接してしまえば、ただ「へぇー、そうなんだ」としか反応しようがなくなります。それでは、お互いに立場を越えて共感し合うことができません。

だから私は、**その子が発見した内容や話してくれた内容に対してではなく、その子が感じた驚きやおもしろいと思った気持ちに対して、自分の素の感情を表すようにしているのです。**

＊

教師になる前のことです。教育実習もあと数日で終わるというとき、ある子どもが何気ない調子でつぶやきました。

「先生って、とりあえず『さすがだね』って言うよね」

この瞬間、〝見透かされていたんだ〟と直感しました。ありもしない架空の教師像を私が演じていた（私はそこにはいない）ことを…。

この言葉は私の胸の奥に突き刺さり、そのときの情景まで、いまも脳裏に焼きついています。

その後、無事教師になれた私は、次のように考えて自分の振る舞いを意識するようになりました。

子どもたちを「村人A」にしたくなければ、それ以前に、私自身を「教師A」にしてはいけない。そのためにも、（オーバーリアクションをすることはあっても）自分が信じていないことを子どもに信じさせようとしてはいけない。ことあるごとに自分の素を見せ、その素を子どもに受け入れてもらえる振る舞いに努めていこう…と。

第4章

伸びしろを成長につなげるスモールSTEP指導

子どもの伸びしろを打ち消してしまう不自然な決めごと

「伸びしろ」という言葉があります。ご存じのとおり、人間が成長できる見込みや余地を指す言葉です。

伸びしろは、自分で自分の限界を決めてしまわない限り、ずっとありつづけるものだと私は考えています。私たち教師の仕事であれば、「もっと子どもたちが夢中になれる授業がつくりたい」とか、「もっといい学級をつくりたい」などと考える限り、その見込みや余地があるということです。この伸びしろこそが、教育においてたいへん重要だと思うのです。

これまでにも触れてきたように、「手はお膝」「お口にチャック」「だれかが発言しているときはその子のほうに体を向けて見上げる」といった過度の行動様式を子どもに求めているだけでは、子どもの望ましい成長を促すことはできないと思います。子ども一人一人の伸びしろを消してしまう可能性すらあると考えているからです。

架空の例を挙げます。

Aくんはみんなの前で発表することが得意ではありません。その子は、教師に指名されると、〝なにか言わなくちゃ〟と思って、決められた話形に則って発言します。型どおりに発言できれば、教師もなにも言わないので着席します。

着席した途端、「自分がいま」「どんな話をしたのか」Aくんは覚えていません。周囲の子どもたちもすっかり忘れています。教師の興味はすでにほかの子どもの発言に移っています。

なぜなら、Aくんは決められた話形に言葉を当てはめているだけで（およそ他のクラスメイトの意見に追随しただけで）、その発言にAくんの個の考えが微塵もないからです。だけど、Aくんはほっとしています。むしろ、〝ちゃんと自分も発言できた〟と思っています。

これでAくんの学びは深まるでしょうか？　そこに伸びしろはあるでしょうか？

自分の考えを他者に伝えるというのは、実社会に出たときにも自分の家庭を築いたときにも欠かせない大切な能力です。しかし、実社会にも家庭にも話形などありません。自分が話をする相手がだれかによっても、（TPOに応じて）話し方を工夫する必要もあります。こうした能力を着実につけていくためには、段階を踏む必要があります。

なかには二段抜かしでスピーディーに身につけられる子もいます。その一方で、最初の段も高すぎてつまずいてしまうAくんのような子もいます。だったら、その段の高さを子どもに応じて変えてしまえばいいと私は思うのです。

Aくんの場合であれば、（これまで述べてきたことと重複しますが）次のように対応します。

●書くことに抵抗がないのであれば、自分の考えを紙に書いて教師に渡し、教師が代わりに発表する。
●隣の席のBくんに対しては自分の考えを伝えられるのであれば、Bくんに代弁してもらう。
●小さな声なら自分の考えを伝えられるのであれば、タブレット端末に録音して再生する　など。

ほかにも、方法はいろいろあると思いますが、このようなケースにおいて重視すべきは、話形に則ることでもなければ、上手に発言できるかでもありません。その子の考えをアウトプットできるようにすることです。そのために子どもの特性に応じたスモールSTEPを設け、自然な成長の道筋をたどっていけるようにするのです。

一人一人成長するスピードやタイミングはそれぞれです。極論すれば、小学生時代にはできなくとも、大人になるころにできるようになっていればよいのです。

ただその一方で義務教育においては、そうすることのむずかしさがあるのもたしかです。子どもたちは（個々のもつ能力や特性にかかわりなく）1年を単位として年齢が上がるごとに進級・進学します。私たち教師も年度単位で学級や授業をつくります。もち上がりの学級であっても2年間です。その間に、目の前の子どもの「いま」とかかわりながら、この1年か2年のうちに「できること」「わかること」を少しでも増やそうと努めます。話形一つとっても、そうであるがゆえの規律であるといった側面もあります。

たとえば「（この1年で）全員がみんなの前で意見できる学級にする」などといった目標が立てられたり、教室掲示されたりするのも、こうした学齢主義に基づく教育課程であればこそだと考えることもできます。つまり、学校段階をまたぐような長期的スパンで子どもの能力や特性に応じたスモールＳＴＥＰを設けることはむずかしいということです。

しかし、「全員が意見できる学級」といったものは、その学級にいる間だけ適用される短期的な到達目標であり、クラス替えがあるたびにリセットされてしまえば（第2章でも述べたようにふりだしに戻ってしまえば）、子どもたちは自分たちの伸びしろを見いだすことができず、段階的に成長するのがむずかしくなってしまうでしょう。

私たち教師に置き換えても似たようなことが言えます。

新しく着任した校長先生が「職員会議で全員が意見できるようにすること」を掲げたとすれば、どの先生もとりあえずそうしてみようとは思います。しかし、「意見できること」

が目的となってしまえば、必要感は生まれません。長続きせずにやがて形骸化してしまうでしょう。しかも、校長先生が変われば、往々にしてなかったことになります。

それに対して、初任者の先生も気軽に相談をもちかけられる学年主任がいる、校内研修が教職年数や力量にかかわりなく議論し合える場になっている、自分が担任しているかを問わず、気になる子がいれば忌憚なく話題にできる職員室になっている、といったことがあればどうでしょう。年度が変わっても、管理職が変わっても、先生方が継続的に成長していける伸びしろを見いだし、成長していけるのではないでしょうか。

こうした点に立脚すれば、大人の成長も子どもの成長も本質的には変わらないように思います。さらに言えば、「全員〇〇する」という決めごとを設けること自体が問題ではないこともわかります。

真の問題は、その決めごとが、子どもたちの伸びしろを打ち消してしまう不自然なものになっていないかにあります。みんな同じではないのに「同じようにすること」が必須となり、合意形成が図られていないのに「みんなで行うこと」を目的としてしまうような不自然さです。

そうではなく、子どもたちにとって自然な成長を促すSTEPをいかに用意しサポートできるか。この点にこそ、個別最適な学びを考えるうえでも必要な教師の視座があるのだと思います。

6年間というスパンで子どもの伸びしろを考える

ここではまず、漢字が苦手なBくんを想定してみます。小テストではいつも、100点満点中20点を取るような子です。

この子の自然な成長を考えたとき、一足飛びに満点を取れるようになることが目標ではないはずです。仮に満点を取れたとしても一時的で、その子が伸びしろを見いだせなければ、その後の成長を見いだすことは叶いません。そこで、スモールSTEPです。

①現在の状況を確認し合う。

②漢字の習得を阻害する要因を考える。

- 漢字の意味理解
- 練習不足
- 学習方法がその子に合っていない　など

③阻害要因を取り除く学習方法を変えてみる。

●デジタルカードにイラストを含めて漢字カードとしてまとめてみる。

●テスト前に、3個ずつで練習テストを重ねてみる。

●選択式のテストで練習してみる　など。

④テストの結果を踏まえ、②についてリフレクションし、やり方を変えるか継続するかなどを判断して取り組む（もし満点が取れたのであれば、どこに成功要因があったのかを考える）。

有効な漢字学習の方法はたくさんあると思いますが、重要なのはその子の漢字の習得を阻害する要因を明らかにし、どうすればその要因を取り除けるか試行錯誤することです。そしてこの試行錯誤が、（漢字を覚えることなどよりもはるかに重要な）その子の学びであり、その学びによって見いだされた「次は○○したらうまくいくのではないか」が伸びしろです。

そのように考える私が重視しているのが「6年間というスパンで伸びしろを考えられるようにすること」です。これは、目の前の課題を先送りにすることではなく、子どもたちの口に頬張れる大きさに課題を切り分け、スモールSTEPで取り組めるようにすることです。

私が以前受けもった学級で、前述した（架空の）Aくんのように、みんなの前で自分の考えを発言するのが苦手なCさんがいました。当時４年生だったのですが、６年生のときには運営委員会で全体の意見をとりまとめられるようになっていました。こうした子は、（どのような能力をどのような場で発揮できるようになるのかは人それぞれですが）一人や二人ではありません。

彼女の成長はけっして偶発的なものではありません。スモールＳＴＥＰのもとでがんばった彼女の成果です（この子がどのように成長したのかについては後述します）。

ここからは、スモールＳＴＥＰの具体について掘り下げていきます。「なりたい自分像」のイメージ化と伸びしろの見取りです。

自分の伸びしろを知り、スモールＳＴＥＰで成長の見通しを得る

いくらスモールＳＴＥＰが有用だといっても、子ども自身が「自分にはどのような伸びしろがあるのか」を見いだせなければ、ＳＴＥＰを踏んでいくことはできません。この伸びしろを見取るファーストＳＴＥＰが「なりたい自分像」のイメージ化です。そこで年度はじめに、「これから先、どんな自分になってみたいかを書き出してみよう」と促

します。

どんなことでもかまいません。次に挙げるような事柄でもよいのです。

- 漢字50問テストで100点を取れる自分になりたい。
- 体育で逆上がりができる自分になりたい。
- 図工で上手な絵を描ける自分になりたい。
- 仲のよい友達がたくさんいる自分になりたい。
- みんなの意見をまとめ上げられる自分になりたい（いいリーダーになりたい）。
- 1日1回はみんなの前で発表できる自分になりたい　など。

この「なりたい自分像」は、期限つきのものではありません。その年になれなくても、次の年になれればいい、次の年でも無理だったらそのまた翌年になれればいいなど、「いつか届けばいい自分像」です（といっても、私たち小学校の教師が直接的にかかわれるのは、卒業するまでの期間なので、6年間というスパンがマックスにはなります）。

そのため、年度末に「できたか・できなかったか」といった振り返りをさせることはしません。そうかといって、なにもしないわけでもありません。「どんなことならできたか」

「どこまでできたか」を振り返り、「次の年は、どんなことであればできそうか」（伸びしろ）を考えるようにします（卒業時であれば、「中学生になったら、どんなことであればできそうか」などを促すこともできます）。

以前、「なりたい自分像」を「1日1回は発表できるわたし」にしていた子は、次のようにリフレクションしていました。

- 仲よしの友達の前であれば自分の考えを言えた。
- ノートを見てもらうだけの発表ならできた。
- 簡単な発表（前時の復習や、問題文を読むなど）ならできた。
- 得意な教科なら、1回できた。
- 友達に自分の意見を伝えてもらうことはできた。
- だれかの意見のつけ足しならできた。
- 1週間に1回ならできた。

このリフレクションをもとにして、「次の年は、どんなことであればできそうか」（伸びしろ）を考えるわけです。

仮に、1年を通して実際に取り組んでみた結果、「なりたい自分像」を変えてしまってもかまいません。〝自分には到底無理そうだから、ほかのことにしよう〟だっていいのです。それもまた次の進撃に向けた勇気ある撤退です。あるいは、〝本当になりたい自分は○○なんじゃないか〟と軌道修正するのだって、その子の成長を違った角度から促す伸びしろになります。

逆にもし期限つきにしてしまえば、「この1年で到達できなければ『自分はできなかった』ことになる」すなわち「自分は失敗した。もうこの1年の取り返しはつかない」などと子どもに思わせてしまうでしょう。仮にうまくいったとしても、そこがゴールになってしまうから、伸びしろを見いだすことができなくなります。それに、ここでいう「うまくいった」は「期限内に到達できた」であり、「事なきを得た」に近く、スモールSTEPがもっている（伸びしろを見いだし、次の成長につなげる）ポテンシャルをその子は生かせなくなります。

スモールSTEP指導の実際

「みんなの前で自信をもって話せる自分になりたい」を「なりたい自分像」に掲げた4

年生のＣさんは、いろいろと考えて次のスモールＳＴＥＰを設定しました（前々項で紹介した子です）。

【STEP①】隣の人にノートを見せる。
【STEP②】隣の人と意見交換する。
【STEP③】自由な話し合いのときは立ち歩いて自分から声をかけて意見交換する。
【STEP④】４人班で意見交換する。
【STEP⑤】全体の前で簡単な発表をする。
【STEP⑥】ペアや４人班でまとめた意見を全体に発表する。
【STEP⑦】得意な教科で発表する。
【STEP⑧】みんなの前に立って自分の考えを発表する。

そして、Ｃさんが掲げたＳＴＥＰを踏んでいけるよう私が行ったサポートは次のとおりです。

●ペアや班のアイスブレイクを適宜行い、話すことの抵抗感を減らす。

- 意図的な席替えにより、仲よしな子一人を一緒の班にしつつ、あまり話さない人も同じ班になるようにするなど、少しずつ話せる対象を広げられるようにする。
- 机間指導の際、「これ、いい考えだね、言えそう？」などと声をかけて価値づけながら意欲を喚起する。
- 挙手できた際には、なるべく当てるようにする。
- 授業後、できたことを価値づける。

最初の年の終わりごろには、「［STEP④］４人班で意見交換する」の段階まで来ていました。班のなかで笑顔を見せながら、「わたしは〇〇だと思いました。なぜかというと…」などと話せていたのを覚えています。

全体の前でも問題文を読みあげることはできていましたがそこまでで、［STEP⑤］が翌年のCさんの伸びしろとなりました（私は［STEP④］の段階まで来ていることを価値づけています）。

5年生のときにはクラス替えがありましたが、Cさんは引きつづき私の学級に在籍することになりました。

年度当初、はじめて受けもつ子どもに対しては、「なりたい自分像」を考え、「スモールＳＴＥＰ」をつくるよう促し、引きつづき受けもつ子どもに対しては、「なりたい自分像」や「スモールＳＴＥＰ」を変えてもよいことを伝え、自分はどうしたいかを書くようにしました。するとＣさんは、「やっぱり発言できるようにがんばりたい」と書いていて、〝それなら、私もとことんつき合おう〟と思いを新たにしました。

授業を本格的にスタートすると、同じ班に知り合いがいなかったこともあって、当初は戸惑っている様子が見て取れましたが、無事［ＳＴＥＰ④］からの再スタートを切れたようです。

委員会活動などにもなじみ、自己表現の場が増えたこともあってか、２学期も中盤になったあたりから、「［ＳＴＥＰ⑦］得意な教科で発表する」ことができるようになっていました。周りの友達から「いいじゃん！」といった声をかけられる機会も増え、本人も「もっと話さなきゃ！」「がんばってみよう！」といった気持ちの高まりが見て取れました。

その年の終わりのことです。運営委員の選出選挙の際、Ｃさんが「先生、わたし運営委員に立候補する！」と言い出したのです（当時の勤務校では前年度末に運営委員の立候補者を決めます）。

このときばかりは、本当に驚きました。まさかＣさんが自分からこんなことを言い出すだなんて思いもよらなかったからです。私としてはうれしい出来事でしたが、それと同時に〝大丈夫かな〟と心配な気持ちも湧いてきました。

運営委員になるには選挙に出て、体育館に集まる学年全員の前で「どんな運営をしていきたいのか」について演説しなければなりません。

これまでCさんは、しっかりＳＴＥＰを踏んでこられているものの、まだ道半ばです。授業であれば、いくら言葉に詰まっても、私がいくらでもフォローできますが、運営委員選挙の場ではそうはいきません。

私は不安げな様子を見せないように気をつけながら、「本当にやってみる？　やるなら全力で応援するよ」と伝えると、Cさんは迷わず頷きました。そこには、軽はずみではない決意に満ちた表情が浮かんでいました。

選挙当日、Cさんが演説する出番がやってきます。ときおり、体がそわそわ動いたり、恥ずかしそうな仕草を見せたりもします。しかし、彼女はうつむいたりせず、しっかり前を向いて自分の考えを学年全員に伝えていました。

まさに、「［ＳＴＥＰ⑧］みんなの前に立って自分の考えを発表する」段階をクリアした姿でした。しかも、お互いに打ち解けたクラスメイトの前ではなく、他の学級の子どもたちや先生方の前でです。

もうその姿に、私だけでなく学級の子どもたちも感動してしまって、小声で〝Cさん、がんばれ〟とつぶやいている子もいました。

無事、運営委員に選出されたCさんの1年間は、さながらサナギから変態したチョウのように、委員会の場で自分の考えを発言するのみならず、他のメンバーの考えを引き取りながらまとめあげていきました。

実を言うと、Cさんが選挙で選ばれる勝算はありました。彼女は、人前で話をすることが苦手であった反面、自分の考えを文章にすることができる子だったのです。実際、当日に演説しようとしていた内容は立派なものでした。あとは自信をもって話せるかが一番の心配事でした。

それを乗り越えたCさんはたいしたものです。そこには、言語化こそされていなかったものの、「[STEP⑨]自分の考えとメンバーの考えの折り合いをつけてまとめあげる」という「隠れた伸びしろ」があったのです。

*

Cさんの成長も数あるなかの一つです。このような成長を遂げたのは、彼女だけではありません。子どもそれぞれの特性や得手・不得手に応じて、いろいろな成長の姿があります。

いずれも本人の決意と努力の賜物です。私が行った指導は、子どもの背中を押したり、なにかしらヒントを伝えたりする手助けにすぎません。

ですが、教師のサポートを必要とする子どもは、どの学級にも一定数います。そうした子どもたちも輝ける可能性を広げるのが、スモールSTEP指導なのです。

「すぐにできなくったっていい」
「1年で乗り越えられなくったっていい」
「いつかできるようになっていれば、それでいい」

Step by step 自分のペースで一歩一歩進んでいければ、その子は間違いなく成長し、やがてなりたかった自分を手に入れることができるのです。

第5章

権威的先生と親和的先生との間にあるスキマをねらう

子どもらしい奔放な行動と節度ある行動を両立する

今年の先生は「やさしい先生だ」「厳しい先生だ」「おもしろい先生だ」「頼りがいのある先生だ」など、教師に対する子どもの受け止めはさまざまだと思います。あるいは、Aさんの目には「やさしい先生」に映っていて、Bくんの目には「厳しい先生」に映っているといったこともあるでしょう。

他方、「自分たちを指導する大人」という目線でとらえたとき、（少々ステレオタイプ的ですが）およそ次に挙げる二つのタイプに分けることができると思います。

■権威的先生

目の前にいるだけで、「言われたことを守らなければ叱られる」などと感じさせる先生。子どもに緊張感をもたらす覇気を放っているかのように見える。厳しさが先立つが、子どもと節度ある距離をとって公平に接することから子どもからの信頼を得ている。

■親和的先生

子どもたちにとって親しみやすく自分と近いと感じさせる先生。「○○っち」「○○ちゃん」などと愛称をつけられることもあるオトモダチ先生。子どもとすぐに仲よくなれる反面、必要な場面で指導が入りにくいこともある。

これらはあくまでも「教師である私の姿は、子どもにどう見えているか」といったタイプ分けであり、その先生ご自身がこの二つのうちいずれかに分類されるという意味ではありません。

たとえば私たち教師は、ある年には権威的に振る舞い、別のある年には親和的に振る舞うといったこともあるからです。あるいは、若手のころは親和的で、ベテランになるにつれて権威的要素を意図的に取り入れるということもあるでしょう。

かく言う私も、学年や全校の規律がこれ以上乱れないようにと、1年を通じて「厳しい先生」の振る舞いを重視した年もあるし、反対に、「田屋ティー」といった愛称で呼ぶことを許容し、言わばお兄さん的な存在として子どもたちを盛り上げた年もあります。

要は、目の前の子どもの状況や一緒に学年を組む先生方とのバランスに応じて、どちらの役回りに比重をかけるのかを決めているということです。つまり、どちらがよくて、どちらが悪いということではないということです。次に挙げるように、どちらのタイプにも一長一短があります。

■権威的先生

［メリット］

●子どもたちの生活における規範意識や学習規律の意識が高く保たれやすい。

●先生の立ち位置が崩れにくく、「指導者」と「学習者」という関係性が明確である。

●そのため、指示がきちんと通ったり、指導が行き届きやすかったりする。

●きちんと指導するので、保護者にとっても安心感がある。

［デメリット］

●教師の指導に対して、〝怒られると怖いからやる〟といった心理から行動を選択させてしまうこともある。

●先生が近くにいるときといないときで、子どもたちの様子が変わりやすい。

●萎縮してしまい、自分が出しづらくなることがある。

●先生に怒られない（あるいは褒められる）ために、教師に忖度した言動を選択することも少なくない。

●先生が見ていないところでハメを外し、普段出せない自分を解放してしまう子がいる。

■親和的先生

［メリット］

●子どもたちにとって親しみやすく話しやすい。
●授業の発言や、日常的な相談がしやすい。
●教室に余計な緊張感が少なく、安心感から笑顔が生まれやすい。
●共に教室で学んでいくという雰囲気があり、子どもたちも主体的になりやすい。
●子どもたちから好かれやすい。

［デメリット］

●ここぞというとき毅然とした態度で指導しても、その言葉（教師の真意）が子どもに届かないことがある。
●教師は大人であり、自分たちは子どもであるといったボーダーがあいまいになって子どもたちに馴れ馴れしい態度を取らせてしまうこともある。
●規範に対する意識が低くなってしまうことがある。
●授業に集中できなくなってしまうこともある。

このようにメリットとデメリットの双方を挙げたのは、「いかにしてデメリットを打ち消してメリットが前面に出るようにすることが大事だ」などと言いたいからではありません。というのは、いずれのタイプにせよ、どちらかに偏った教師双方が学年にいれば、互いにメリットを打ち消し、デメリットのほうが前面に出てしまうケースもあるからです。

たとえば、1組が極端な権威的先生、2組が極端な親和的先生だったとします。1組は教師の指導が行き届いていて授業もうまくいっているはずなのに、2組の教師に比べて厳しすぎて窮屈だ（たのしくない）などと子どもに思わせるといったことが起きるということです。

逆も真なりで、2組はどの子もたのしそうに過ごしているのだけど、教師の指導が入りにくく集中力も散漫になりがちで、「1組の授業のほうがおもしろそうだ」などと感じさせていることも考えられます。

学年段階にもよりますが、子どもは教師が考えている以上に、他の学級の先生や専科の先生と比べて担任の先生を「いい」と考えたり、「悪い」と考えたりしています。単学級であれば、他の学年の先生と比べるでしょう。それだけ子どもは、人を判断する際の指標が「優劣」に偏りがちだということです。

こうしたことを踏まえて提案したいのが、権威的先生と親和的先生との間に位置するスキマに身を置くことです。そうするためには次の二つの条件を担保する必要があります。

- 教師のほうは、ときに権威的に振る舞いながらも子どもの視点に立てていること。
- 充実した学校生活を送るうえで、「教師は指導する側であり、子どもは指導される側である」といった認識を、子ども自身が「大事なことである」と受け止めていること。

また、教師が権威的先生と親和的先生との間に位置するスキマに身を置くためには、日ごろから自分の振る舞いをリフレクションする必要があります。そのため、私は次の事柄についてチェックするようにしています。

[必要以上に権威的先生になっていないかのチェック]

- 休み時間などにはそこかしこで笑い声が起きたり、教師である自分に対してもたのしそうにしたりしているか。
- 教室に教師が入ってくるなり子どもの表情が硬くなっていないか。
- 「田屋先生のときはやるけど…」などと、教師によって行動を変えさせていないか。
- 担任が近くにいないと学級のルールが守られないといったことがないか。

[必要以上に親和的先生になっていないかのチェック]

- 休み時間と授業時間のメリハリがあるか（授業では子どもたちが授業モードになれているか）。

●教師が真面目に話しているときは、子どもたちのほうも真剣に耳を傾けられているか。
●「親しき仲にも礼儀あり」という関係性が、教師に対してはもちろんクラスメイト間でも築かれているか。
●本当はしてはいけないのに、「まぁ、いいや」という軽はずみな気分でルールを守らないといったことがないか。

スキマ先生でありつづけるための教師の振る舞い

ここまで述べた「権威的先生」と「親和的先生」のタイプ分けは「教師である自分の姿は子どもにどう見えているか」でしたが、次に紹介するのは「子どもに教師としての自分の姿をどう見せるか」といった教師の振る舞いのタイプです。

①マネージャー先生

権威性に軸足を置いて振る舞うタイプの先生です。規律を重視し、教師主導で45分の授業をコーディネートするなど、子どもたちの学習をマネジメントすることに重きを置きます。掃除の時間なども、掃除が行き届いているか、子どもが真面目に取り組んでいるかといった視点で歩き回っているような指導性の強い先生です。一口にマネジメントと言っても幅広の言葉ですが、ここでは管理的側面の意味合いをもたせています。

②プレイヤー先生

子どもと一緒にたのしむことを重視するタイプの先生です。体育の授業であれば、指導者としてある程度の指示は出すものの、子どもに交じって一緒に運動することを好みます。学級活動での話し合いの場面でも、「私はこう思うなぁ」などと自分の意見を口にしたり、掃除の時間であれば、子どもと一緒に掃除をする先生です。

③プレイングマネージャー先生

ビジネスの世界であれば、部下の育成・指導などを行う「マネージャー」としての役割と、売上に貢献する現場の「プレイヤー」としての役割の双方を担うポジションにある者を言います。

野球やサッカーなどプロスポーツの分野でも、ときおりいますね。「選手兼任監督」といった立ち位置で、試合前であればスターティングメンバーを選び、試合中であれば選手への指示や交代などゲームを采配しながら、自分自身もプレイするという立場に身を置きます。

体育の授業に置き換えると、自分も一緒に参加しながら「ナイスシュート！」「いいね！」などと価値づけ、他方で全体を俯瞰しつつ、「ボールもってない人、どこ動けそう？」「空いてるスペースどこかな?」などと指導的な声かけを行うといったところでしょうか。

掃除の時間であれば、自分も一緒に掃除しながら子どもの様子を観察し、必要に応じて掃除道具の上手な使い方や効率的な掃除の段取りなどについて声をかけながら子どもたちをサポートします。

*

どの教師にも「自分はどういう教師でありたいか」といった矜持があるでしょうし、得手・不得手もあるでしょうから、どれが教師としての振る舞いとしてよいかは一律に決まるものではありません。重要なのはバランスで、いずれのタイプも極端な「権威性」「親和性」に偏らないよう、前項に挙げたチェック項目などを参考にして日ごろから自分の振る舞いをリフレクションすることが大切です。

ただ、「権威的先生と親和的先生との間のスキマに身を置く」のであれば、③のプレイングマネージャー先生を意識するとよいように思います。といっても、いつ・いかなるときも子どもと一緒に活動しながらサポート的な指導を行うということではありません（そのようなことは物理的に不可能です）。

立ち位置としては③としながら、子どもたちの様子や教育活動に応じて、①マネージャーと②プレイヤーを使い分けられるようにするということです。つまり、あるときは監督業に専念し、またあるときは選手として子どもと共に学ぶといった教師です。
　では、ここからは具体の授業場面を取り上げながら、タイプごとの振る舞いをそれぞれ紹介していきましょう。

授業におけるタイプごとの振る舞い

1　マネージャー先生の振る舞い

［教科］道徳科
［学年］第5学年
［内容項目］親切、思いやり
［教材］くずれ落ちたダンボール箱
［導入］親切のもつ価値について現状の認識を確かめる。

T「みんなはどんな人を親切だと思う？」
C「道を教えてくれるとか？」
C「手助けしてくれる人」
T「じゃあ、道を教えてくれたり手助けしてくれたりした人は、みんな親切な人ってことでいい？」
C「うーん。それはそうなんだけど…」
C「それだけじゃないと思うんだよね」
C「手伝ってくれるのはいいんだけど、嫌な気持ちになっちゃうときもあるし…」
T「それはどんなとき？」
C「ん～、本当は自分の力でやりたいと思っているときとか？」
C「そうそう、余計なお世話ってこともあるよね」
C「そうしてもらいたくないときだってある」
T「やっぱ、気持ちじゃない？　自分が困っているときだったら、すごくうれしいし」
C「気持ち＋行動ができる人だ！」
T「親切な人って、気持ちと行動がセットの人のことなんだね」
C「でもさ、相手がどんな気持ちをもっているかなんてわからなくない？」
C「あーたしかに。ただやってくれてるだけかもしれないし」
C「それに、気持ちがあっても、そうしてほしくないこともあるしな～」
T「じゃあ、今日は『親切にする』ってことについて考えてみる？」
C「『親切とはなんだろう』かな」

C「『親切にするときに大切なこととは？』とかは？」

C「あー、それにしよう！」

［展開］教材に関する対話を通して、価値にせまる。

T「お話を読んで、思ったことや感じたことはある？」

＊ここから相互指名

C「他の人が倒したダンボールなのに、直してあげた『わたし』は偉いと思う」

C「困ってたおばあさんもうれしかったと思う。だから『わたし』は親切だった」

C「それなのに、勘違いして注意した店員さんはひどいと思う！」

C「『どうしたの？』とかって聞いてあげるべきだったよね」

C「『わたし』の立場で考えてあげるべきだと思う。そしたら嫌な思いをしなかった」

C「でも、そのあとちゃんと謝ってからお礼も伝えてるからいいんじゃない？」

C「『わたし』たちも最後はうれしそうだったもんね」

C「だったら店員さんがはじめから気づいてあげていればよかったのに」

＊物語が○○なら…となってきたので発問

T「みんなの話を聞いていると、感謝されなければやらないほうがよかったってこと？」

C「はい。せっかくいいことしたのに、かわいそうだと思います」

C「でも、おばあさんからは感謝してもらえたし、いいんじゃないの？」

T「なるほどね。親切をしたら感謝してもらいたいんだ」

C「そうじゃないと…なんか虚しいし」

C「でも、感謝してもらうために親切なことをするわけじゃなくない？」

C「そりゃたしかに喜んでほしいけどさ。自分がそうしてあげたくてするわけだから」

C「自分が相手のために、そうしたいって思うからするのが親切」

C「それって思いやりに近くない？」

C「あー、そうかも」

＊教材から離れてきたので、適宜問い返し

T「ん、それってどういうこと？」

C「相手のことを思って、こうしてあげたいって思うからするってことです」

C「見返りのためじゃないよね。まぁ、やっぱりお礼がなかったら悲しいけど」

C「あ、だからさ！　された側にも親切が大切なんじゃない？」

T「というと…？」

C「親切にしてくれた。それに対して親切で返すと、よりハッピーになると思う！」

C「ウィンウィン的な？」

C「そう！　だから、親切は相手のためにできることを考えてすることなんだけど、それはお互いに考え合うことがさらに大切ってことだと思います」

全「おぉー」

T「全員納得しているけど、話し足りないことはない？」

C「戻っちゃうけど、店員さんの立場？　周りにいる人でも親切が考えられたらいいって思った！」

C「する側とされる側だけじゃないってこと？」

C「そうそう！」

T「そしたら、今日の課題に対しては、全体の考え（共通解）はどうまとまりそう？」

C「親切をするには、相手の立場に立ってなにができるかを考えること」

C「する側もされる側も、周りの人も、互いのことを思い合って行動すること」

T「では、今日の話し合いや、みんなで考えた答えをもとに、親切にすることについて自分の考えを書いてみよう」

［まとめ］ 共通解を整理し、各自で納得解をまとめる。

対話を中心としたおおまかな1時間の流れは上記のとおりです。教師が指導的立場に立ってコーディネートする授業です。導入では共通課題をつくるやりとりを行い、発問や問い返しによって展開しながら子どもの意見を交通整理するなど、子どもたちの学習をマネジメントしています。

2 プレイヤー先生の振る舞い

[教科] 算数科
[学年] 第6学年
[単元] 拡大図と縮図
[活動内容] 作問して解き合ってみよう。
[導入] 本時のめあてをとらえる。

T「前の時間に拡大図と縮図の内容がひととおり終わったので、次回はテストするよ」
C「えー。早いよ！」
T「だよね。だったら今日は、全体を通した復習の時間かなって思うけど、どう？」
C「練習問題を解くとか。ほかになんかあるかなぁ」
T「そうだね、ドリルパーク（ドリル問題アプリ）でもいいし、あとは自分で問題をつくるのでもいいと思うよ。自分でつくった問題を解き合えば、練習問題を解くことにもなるし」

C「あ、それがいいです！」

T「みんなもそれでよければ、今日は作問で復習にすることにしよう」

[展開] 教師である私も作問し、子ども一緒に解き合いをする。

T「よし、じゃあやりますか！」

＊子どもたちの近くに座り、同じように取り組もうとする様子を見せる。

C「え、先生もやるんですか⁉」

T「先生もつくりたいんだよね。みんながつくった問題も解きたいし。だめ…ですかね？」

C「いやいや、いいですよ」

C「なんか、おもしろそう！」

T「ミライシードのムーブノートでつくろう。じゃあ、問題づくりスタート！」

＊私も黙々と作問する。

C「できた！」

C「わたしも！」

T「先生もできたよ～。何分後から解くことにする？」

C「じゃあ、14時から解き合いタイムはどうですか？」

C「いいと思う。それまで、つくれるだけつくろう！」

T「オッケー。一つはつくろう！　もし問題づくりに困っている人がいたら、手助けしてあげてね〜」

＊14時になり、解き合いタイムスタート。

C「14時になったよ！」

T「よし、じゃあお互いのカードで問題を見て解いてみよう！」

C「答え合わせはどうする？」

T「コメントに答えを載せておいて、丸つけのときにそれぞれ見るのはどう？」

C「いいと思います！」

＊解き合いタイムがつづき、授業の終わりの時間になる。

[まとめ]　子どもと一緒に振り返る。

T「じゃあそこまでにしてください」

C「えー、もう終わり？」

T「時間になっちゃったからね。どんな問題がよかったとか、むずかしかったとか、振り返りを書いて終わりにしよう」

C「Aさんの問題、めっちゃむずかしかった」
C「わかる、激ムズだった。Aさんっぽい」
C「先生のやつ簡単すぎた～」
T「あらっ」
C「これ、またやりたい！」
T「そうだね、先生も一緒にやれてたのしかったよ。またやろう！」

プレイヤー先生の説明としては、体育の授業や掃除の時間を例にしましたが、作問や練習問題を行う時間であれば、このように算数の授業でも行うことが可能です。私は子どもの座席に混ざるなど、物理的にも子どもと同じ視点で取り組みます。

プレイヤー先生として振る舞う最大の利点は、「正しい答えを言わなければならない」（あるいは「間違ったら恥ずかしい」）といったバイアスを外すことにあり、マネージャー先生の振る舞いとの大きな違いです。

他方、「私がつくった問題が作問として正しいと子どもはとらえて、自分がつくった問題を書き直してしまう子もいるのではないか」などと思われる方もいるかもしれません。

しかし、その心配は杞憂です。

普段、子どもの前に立つ私のほうが子どものなかに混じり、「どういう問題がいいかな」などと言いながら、子どもと一緒につくっているからです。子どものほうは、係活動などでクラスメイトに出題するクイズをつくるときのような遊び感覚で、〝先生も一緒につくってくれている〟といった受け止めが生まれるのです。

利点はほかにもあります。教え手と学び手という関係性が薄れることで、学習は教師に与えてもらうものではなく、自分たちが考えていくものなんだといった意識を醸成する機会にもなるということです。

（前述したように、親和的になりすぎて）教師（大人）と子どもという関係性までも薄れてしまうのであれば弊害が出るわけですが、学習者主体の授業づくりが謳われている今日、子どもと学習との距離を縮める振る舞いとしても有効だと思います。このように、ときには教師も一プレイヤー（一人の学び手）となって、学習に取り組む姿を見せるのもよいのではないでしょうか。

3 プレイングマネージャー先生の振る舞い

［教科］国語科
［学年］第5学年

［小単元］同じ読み方の漢字

［活動内容］同じ読み方の漢字を使って作文しよう。

［導入］本時のめあてをとらえる。

T「先生さ、昨日の夕飯お肉を食べたんだけど、それがまたすごくあつくて…」

C「なんで急に夕飯の話なんですか〜」

T「いや、ほんとにあつかったんだよ」

C「やけどしたとかですか？」

T「いや、全然」

C「冷ませばよかったのに」

C「フーフーして食べればいいじゃんー」

T「あの、なんかみなさん勘違いしてません？」

＊そう言いながら、「厚かった」と板書する。

C「え？」

C「いやいやいや、わかんないし！」

C「わかりづら！」

T「なんでわかってくれないかなぁ」

C「だって、お肉あつかったって言うから、熱かったんだなって思うじゃん！」

C「わたしは絶対、なんかひっかけだと思った」

T「話のなかだと勘違いってあるもんだね」

C「同じ言葉だからね」

T「ということで、いまみんなが勘違いしてくれたことを学習していきます」

C「どういうこと？」

T「さっきの勘違いってなんで起きたんだと思う？」

C「同じ言葉だから」

T「同じ言葉ってどういうこと？　熱いと厚いは違くない？」

C「読み方が同じってことです。漢字は違うけど」

T「それって『あつい』という言葉だけかな？」

C「いや、たくさんありそう」

T「ほかにどんなのありそうか気にならない？」

C「何個かもうわかる！」

T「じゃあ今日は、いつもと違った感じで学習してみない？」

［展開］同じ読み方の言葉を使って、アプリのカードで作文する。

T「漢字を調べるだけではつまらないと思うので、ちょっとアレンジを加えよう。読み方は同じだけど意味が違う漢字を混ぜて文章にします。こんな感じ」

＊「先生は、厚いステーキを熱いうちに食べました」と板書する。

C「あー、そういうことか。おもしろそう！」

C「でもこれ、結構むずかしいかも！」

T「それでは、ミライシードのオクリンクで進めていこう。準備してください」

C「はい。開けました」

T「先生もつくってみるね。でも、いきなりだと思いつかないなぁ。まず言葉調べをしてみようかな」

＊そう言いながら、辞書を開いたり、インターネットで同音異義語と調べたりする様子をモニターに映す。

C「ぼくも調べよっと」

C「私も！」

T「よし、文章できた！　イラストも載せちゃおうかなぁ」

＊そう言いながら、画像検索する様子を見せる。

T「著作権フリーの画像じゃないとだめだよね。だれかいいの知ってる？」

C「〇〇ってサイトの画像は自由に使っていいって書いてあります」

C「いつもそこの使ってるよね」

T「このサイト？　あ、ほんとだ。フリー画像だね！」

C「そうです。わたしもイラスト載せよっと！」

＊どの子もカード作成に没頭。

T「全員カードを提出してくれたね。多い人は5枚もつくってますねぇ。では、みんながどんな漢字が入った文章をつくってくれたか見てみようか」

＊みんなでカードを見合う。

T「はい、ではここまでにしよう。そのままオクリンクでいいので、カードに今日の振り返りを書いてくださいね」

［まとめ］ 本時を振り返る。

この授業では、私が選手兼任監督になったイメージをもち、例を示しながらカードのつくり方（学習の仕方）をリードするとともに、子どもと一緒にカードをつくっています。つまり、一緒にプレイする点ではプレイヤー先生であり、試合運びを指示する点ではマネージャー先生として振る舞っているわけです。

この振る舞いの要諦は、「いかに教師による教え込み感を出さないか」にあります。そのために教師である私が、モニター越しにリアルタイムで漢字を調べたり、調べた漢字を文章に組み込んだりする様子を見せているのです。

子どもは私の振る舞いを見て、〝なるほど、そうすればいいのか〟と理解できるし、コツがつかめない子がいても、私にではなく、クラスメイトに聞きながら活動することができます。ほかにも、私の示したグッドモデルを基本形としつつも、自分なりのやり方を見つけようとする子どもも現れます。

私がもし、自分ではやってみせずに「わからなかったらPCで調べていいですよ」「辞書を使って調べてみましょう」などと指示だけをしていたら、〝先生がそう言ったからそうしよう〟といったマインドで活動するでしょう。それが悪いわけではないのですが、プレイングマネージャー先生からは離れてしまいます。

やっている活動は、いずれも「読み方は同じだけど意味が違う漢字を調べ、文章に組み込むこと」なのですが、プレイングマネージャー先生の場合は、子どもが〝学び方を自分で見つけた〟と思えるようにする点に大きな違いがあります。

ときには、「あれー、ここがうまくいかないなあ」などとつぶやきながら、あえてバッドモデルを見せることもあります。すると、子どもたちのほうが「そこは〇〇したらいいんじゃないですか？」などと良策を探ってくれます。

グッドモデルにせよ、バッドモデルにせよ、私が意図していることは同じです。先生に教えてもらったではなく、子どもが自分で気づいたことをよりどころにして学習を進めていけるようにする教師の振る舞いです。

学級経営（清掃活動）におけるタイプごとの振る舞い

ここまで述べてきた教師の振る舞いは授業の場面だけではありません。清掃活動にも当てはめることができます。

1　マネージャー先生の振る舞い

ホウキで掃く向きであったり、特別教室の床の磨き方など、どのように掃除をすればよいかを口頭で指示する振る舞いです。全体に向けた指導となるので、確実に清掃の仕方を伝達できるところによさがあります。必要に応じて個別に指導することで清掃に関する知識や技能を効率的に高めることもできます。

他方、「先生から言われたからやる」といったやらされ感を覚える子どもも少なくないことから、近くに先生がいるときはしっかりやるけれど、いないときにはダラダラしてしまう状況が生まれやすくなります。

これは、知識や技能が高まっても、「清掃は自分たちのために行う」といった意識が醸成されていない場合の弊害です。そのままでいると、（当初の指導としてはよいものの）教師は見回り監督をせざるを得なくなります。そうならないような指導が別に必要となります。

2 プレイヤー先生の振る舞い

教師も子どもと一緒になって清掃活動を行う振る舞いです。利点は三つ挙げられます。

- 教師の掃除の仕方をグッドモデルとして直接見せることができる。
- 先生ががんばっている姿を見せることを通して〝自分もしっかりやらなくちゃ〟といった意識を醸成しやすい。
- 教師も参加していることで、時間内に綺麗になる確度が高い。

ただし、利点ばかりではありません。次の三つのことが懸念されます。

●教師が参加した班の担当箇所はとても綺麗になるが、それ以外はあまり綺麗になっていないなど、バラツキが生じる可能性がある。

●教師に頼ってしまう子どもであれば、自分たちの力でキレイにするという意識が薄れ、清掃に関する知識や技能が培われないままになる。

●2点目に挙げた懸念点とつながることだが、子どもがもともともっている力を発揮することができず、かえってパフォーマンスを落としてしまう可能性がある。

いずれも、教師が大きな戦力になってしまうことの功罪だと言えるかもしれません。こうした懸念点を払拭するためにも、プレイヤー先生としては、子どもたちがもてる力を合わせて協働しようとする意識を醸成する指導も並行して行う必要があるでしょう。

3　プレイングマネージャー先生の振る舞い

私の場合はまずホウキを一本もち、各班が受けもつ清掃箇所を回ります。そして、足りない点や工夫を必要とする点があれば実践形式でサポートしていきます。

たとえば、埃を取り除けていない箇所があれば、「ここ、まだ埃たまってるねー」などと言いながら軽く掃き出します。すると、私の声かけに気づいた子どもたちがやって来て一緒に掃きはじめます。私は「ありがとう、あとはよろしくね！」と言って別の清掃箇所に移動します。

ほかにも、引き戸のレールにゴミが溜まっていたら、「こんなところまで綺麗にできたらパーフェクトだね」などとつぶやきながらゴミを掻き出す様子を見せます。すると、やはり子どもたちが歩み寄ってくるので、「ここもみんなでできる？　そう。じゃあ、任せちゃおうかな」と言ってその場を去ります。万事、こんな調子です。このようにして、子どもの視野を広げ、できることを増やしていきます。

もちろん、清掃の仕方などなにも教えないまま指摘して回るわけではありません。年度当初に、前の年ではどのように清掃していたかを子どもに確認しながら、「じゃあ、いままでの掃除をアップデートするには、どうすればいい？」と水を向けて話し合っています（1年生であっても、幼稚園や保育所、家庭でのお片づけの経験をもっているので、そうした経験を生かせるような清掃指導に努められるとよいですよね）。

＊

以前、「ボスとリーダーとの違いはなにか」という記事を読んだことがあります。そこには、ハリー・ゴードン・セルフリッジ（イギリスの有名百貨店の創業者）という人が遺した言葉が掲げられていました。

- ボスは部下を追い立て、リーダーは方法を示す。
- ボスは恐怖を与え、リーダーは熱意を引き出す。
- ボスは「私は」と言い、リーダーは「我々は」と言う。
- ボスはやり方を知っている、リーダーはやって見せる。
- ボスは「やれ」と言い、リーダーは「やろう」と言う。

この記事を読んだとき、権威的であれ親和的であれ、マネージャーであれプレイヤーであれ、私たち教師は子どもたちにとってのボスであってはならず、〝よきリーダーでなくてはならないよなぁ〟と感じました。

子どもたちにとって教師は、単に自分よりも先に生まれただけの大人ではなく先生です。ここぞというとき、困ったときには導いてくれる存在であってほしいと願っています。だからこそ教師は、（子どもと同じ目線を大切にしながらも）頼れるリーダーとして、子どもたちの学びをリードしていく振る舞いをしていかなければならないのだと私は考えています。

第6章

PDCA思考で学級をつくり、マルチユニット型で授業をつくる

最適な実践に向かうためのＰＤＣＡサイクル

第2章ではハンドサインを例に、スタンダードを硬直化させることなくアップデートしていくための方法を紹介しましたが、それを実現するための鍵を握るのがＰＤＣＡ思考です。

ここではまず、（ご存じの方も多いと思いますが）「ＰＤＣＡ（Plan-Do-Check-Action）とはなにか」について軽く触れておきたいと思います。

もともとは、工場生産の効率化・平準化をめざして考え出されたもので、その代表的な例にトヨタ生産方式が挙げられます。その昔は、ＰＤＳ（Plan-Do-See）と呼ばれていましたが、「改善」という意味合いをより強調するためにＰＤＣＡと改められています。

さて、この考え方が教育界にもち込まれたのは古く、数十年前に遡ります。だれが最初に提唱したのかは定かではありませんが、教育界で広く使われるきっかけとなったのは、中留武昭先生のご著書『学校経営の改善戦略』（第一法規出版、１９８９年）によるところが大きいと思われます。そのため、ＰＤＣＡ（ないしＰＤＳ）は、長く学校経営の分野で語られてきたことから、「ＰＤＣＡは管理職が考えるべきもの」といった認識が定着しました。

しかし、平成の時代も終わりに近づいた平成29年、現行の学習指導要領が告示された際、ＰＤＣＡは管理職のみならず、すべての先生方が行うべきことが提起されました。それがカリキュラム・マネジメントです。

告示前年に公示された中央教育審議会答申においては、カリキュラム・マネジメントの三つの側面の一つとして、次が挙げられています。

教育内容の質の向上に向けて、子供たちの姿や地域の現状等に関する調査や各種データ等に基づき、教育課程を編成し、実施し、評価して改善を図る一連のＰＤＣＡサイクルを確立すること。

加えて、次のようにも説明されています。

管理職のみならず全ての教職員が「カリキュラム・マネジメント」の必要性を理解し、日々の授業等についても、教育課程全体の中での位置付けを意識しながら取り組む必要がある。

このように、教育界において長い歴史をもち、かつ授業改善の視座としても重要視されているＰＤＣＡですが、なぜ、これほどまでに強調されつづけているのでしょうか。

あくまでも私見ですが、それは「（管理職を含め）学校に勤める多くの先生方は、（教育行為の性格上）ＰＤＣＡがあまり得意ではないからだ」と言えるような気がするのです。

●より精緻な「P（Plan）」を練り、先生方同士で協力しながら「D（Do）」を着実に遂行するのは得意中の得意。

●それに対し、「C（Check）」については、試みてはみるものの、次の「A（Action）」につなげるのは苦手。

私自身の記憶を振り返っても、思い当たることがたくさんあります。それは授業に関することだけではありません。学校教育の数多くの場面においてです。

ここでは、学級目標を例にします。

どの学級においても新年度には子どもたちと学級目標を立てていると思います。かつての私は、「みんなで話し合って決めた学級目標なのだから、その実現に向けて１年間がんばっていこう」と語りかけていました。年度途中に学級目標から外れるような言動があれば、学級目標を振り返らせ、1年が終われば「みんながんばってくれたから目標を実現できたね」と声をかけていました。

それに対してある年にふと、こんなことが思い浮かびました。

〝1年間ずっと同じ目標って、なんだかちょっとおかしくないだろうか？　今年度は、2学期に入ったころには、みんなで実現できていたような気もするし…〟

しかしそのときは、次のように考えて実行に移すことはしませんでした。

〝ただそうはいっても、子どもたちと話し合って決めたことだからなぁ、「年度途中で変えてみよう」などと伝えたら、混乱する子どももいるかもしれないし…。そもそも子どもたちが決めた学級目標が簡単すぎたのかなぁ〟

しかしこのモヤモヤは、何年経っても消えませんでした。そこで、意を決してチャレンジしたのが、ＰＤＣＡ思考を働かせるアップデート可能な学級目標づくりでした。

ある年、5年生の学級を受けもったときのことです。最終的に決まった学級目標は次のとおりでした。

一人一人が役割を果たし、全員が笑顔でたのしいスーパー5年1組

文字どおり全員が学級のなかでなんらかの役割を担ってそれぞれに支え合う。そして、お互いを大切にしながら全員が笑顔で過ごせる学級にするという意味合いです。

1学期には自然宿泊学習があり、リーダーや副リーダーをはじめとして、リネン係や食事係、保健係など、各係のメンバーが役割を自覚してがんばっていました。そのおかげで宿泊学習は成功したと思うし、子どもたちの仲もより深まったように思います。

学校に戻ってからも、「自分の係や当番でも一生懸命がんばりたい」「もっとみんなでたのしめるクラスにしたい」といった振り返りも見られたくらいで、担任の私の目からも、ひたむきに取り組む姿を日常的に目にすることができた学級でした。

その後、1学期末の学級活動で、「学級目標の達成度はどうか」について話し合ったのですが、こんな話題がのぼりました。

「なんかさ、もう達成できたっぽくない？」
「だね～。係とかみんなめっちゃがんばってるもんね！」
「1学期で達成とか、わたしたちのクラスはもうスーパークラスじゃない？」
「それはすごいと思うけど、2学期とかどうする？　いまのままでいいのかなぁ」

子どもたちの発言を聞きながら、私も心のなかで〝そうなんだよなぁ〟と思っていました。〝とはいうものの、一度決めちゃった目標なんだよねぇ〟とも。

すると、代表委員の子が次のように言い出しました。

「だったらさ、もっとすごい学級目標にしない？」

この発言には、子どもたちから歓声が上がるほどでした。

私は内心〝弱ったな。年度途中に学級目標って変えてもいいものなのかな。ほかの先生方になんて説明しよう…〟などと考えていました。

そんな私の様子などまったく目に入らなかったみたいで、みな口々に「いいね」「どんなのがいいかな」などといった声が飛び交いはじめました。

たしかに、いまのままでは学級目標が意味をなさなくなってしまう。それならば、〝これは、自分のなかにあるモヤモヤを晴らすチャンスなのではないか〟と思い直したのです。

そう考えた私は腹をくくることにして、こう言いました。

「じゃあさ、レベルアップしちゃおっか！」

満場一致です。

子どもたちと話し合った結果、次の目標にアップデートされました。

高学年としての責任とプライドをもち、常に進化するハイパー5年1組

このときはイレギュラーだったと思うし、４月当初に立てた学級目標が1年もたなかったととらえるならば、決め方や内容に課題があったと考えることもできます。一般的には、学級目標は1年かけて実現していくものでしょうから。

けれど、もっと広い視野から学級目標を考えてもいいのではないか、とそのときの私は考えました。つまり、学級目標を到達目標（ゴール）とみなすのではなく、より大きな成長を期すための段階的な（スモールＳＴＥＰの）評価規準だとみなすという考え方です。

この評価規準に照らし合わせ、年度途中で達成したら、そのつど評価規準のほうをアップデートしていくとするのであれば、年度を意識する必要もなくなります。要するに、成長できる伸びしろがある限り、「どこまでもいこう！」という考え方です。

学級で共に生活する自分たちの様子をリフレクションし、よりよく改善できる余地があるのではないかとチェックし、次のアクションにつなげていく。これはまさに「Ｃ（Check）」にほかならず、探究のプロセスそのものであるといえるのではないでしょうか。

学級目標一つとっても、ＰＤＣＡの考えをもちこんで柔軟な発想をもてれば、子どもが自分たちの力で成長していけるんだと思うと、私は驚きを禁じ得ないほどでした。

翻って、このような考えを過度のスタンダードに当てはめると、メリットとデメリットがより鮮明になるような気がします。

学年全体、あるいは学校全体で授業の仕方を「合わせられる」、授業進度などを「揃えられる」メリットは大きいでしょう。しかし、そのメリットはデメリットと背中合わせです。「なにがなんでもそうしなきゃ」「そうしないと、うちの学級では困る」などといった気分を払いのけられずにひとたび硬直化してしまえば、みんなで「合わせる」「揃える」ことが、私たち教師や子どもたちを息苦しくさせてしまいます。

このように考えれば、スタンダードを取り入れる際にも、学びをアップデートさせるという視点に立ち、PDCA思考で柔軟に運用していける枠組みをつくっておいたほうが賢明だと思うのです。

そうするためには、教師同士ほんの些細な事柄でも気になったことがあれば、忌憚なく言い合えることが大切です。「ちょっと気になることがあって」くらいの思いつきをもち寄って、みんなで話し合うことが「C（Check）」になるからです。

その結果、必要があれば考え方なりやり方を変えればいいし、そうでなければ変えなくてもいい。つまり、話し合った結果、「やっぱりいまのままのほうがよさそうだね」という結論に至ったら、変えないことが「A（Action）」になるということです。

仮にもし、変えること自体をマストとしてしまえば、不毛な「変えること探し」がはじまってしまうでしょう。それでは、本来的な目的（「本当にいまのままでいいのか」をみんなでたしかめ合い、どうするのがよいのかを判断すること）を見失ってしまうに違いありません。

身近な例を挙げます。たとえば、以下の事柄をスタンダードにしていたとします（どちらかというと、スタンダードというよりも、服務規律に類することですが、ここではあえてスタンダードとします）。

- 校内ではスーツや襟つきの服装にする。
- 体育の授業のときには黒と白のジャージ。ポロシャツは可。
- 職員室の机上は常にまっさらな状態にしておく。
- 教職員の髪型や髪色は落ち着いたものにする　など。

言うまでもなく、右に挙げた事柄そのものが悪いという話ではありません。なんらかの必要や意図があって決まったことだからです。ここで指摘したいのは、こうした事柄がうまく機能するためには、次に挙げる一定の条件を満たす必要があるということです。

- スタンダード化することの意味やよさが教職員間で共通理解されていること。
- 期間を設定して現状との齟齬がないかを絶えず「C（Check）」し、必要に応じて柔軟に変えていけるように「A（Action）」すること。

最初はよかれと思ってはじめたことであるはずのなのに（常識的でもあるはずなのに）、いつの間にか先生方を働きにくくさせてしまう（息苦しくさせてしまう）ことがあります。それはとりもなおさず、次に挙げる心情によって「C（Check）」を怠ってしまうことに原因があります。

- 「ずっとそうしてきたから」というだけの理由でなにも考えようとしない。
- 仮に先生方から疑問が呈されても、「もう決まったことなのだから」という理由で見直してみようとしない。

こうしたことは、子どもの教育活動においても同様です。どんなにすばらしいものであったとしても、「なんのために」（目的）が失われると形骸化します。それのみならず、子どもを理不尽に縛りつけることすらあります。その代表格が校則です。

「なにをもって価値とするのか」は、時代や自分たちの置かれた状況に応じて変わり得るものです。だからこそ、はじめた当初はだれもが賛同し、意義を見いだしていた校則だったとしても、「いつでも変えられるもの」であるという認識と、実際に変えていける枠組みを整備することが欠かせないのです。

ここでは、校則を例に挙げましたが、校内の活動であれば、どんなことにでも当てはめて考えることができます。

［例］

朝登校時　朝の会　授業規律　話し方　聞き方　ノートの書き方　音読の仕方　5分休憩の過ごし方　休み時間の過ごし方　PCの使い方　委員会活動　係活動　当番活動　移動教室の仕方　宿題　持ち物　教室の使い方　黒板の使い方　など

このように裾野を広げて柔軟な発想でPDCA思考を働かせれば、「変える必要性（または変えない必要性）を見つけ出す『C（Check）』＝目的意識の持続性」を確立することができるのだと思います。

PDターンから抜け出す鍵

PDCA思考について、もう少し深掘りしていきたいと思います。

ここまで「C」の重要性について語ってきながら、そうすることのむずかしさについても触れてきました。教育現場の多忙さも手伝ってPDターンになりがちだからです。

年度当初に起きがちなすごろく型学級経営については、第2章で述べたとおりですが、これもまたPDターンの一つです。

たとえば、前年度の日直は2人制、今年度は担任の方針で1人制になったとします。2人でしていたことを1人でできるようになることに、担任が価値を見いだしたと考えれば別に悪い取組ではありません。問題は、そこに子どもの意志が介在されたか（この場合は納得感のある合意形成が行われたか）です。

「去年は、日直さんの仕事をどうやっていた？」

「1年間、2人でやってみてどうだった？」

などと問いかけて、子どもの考えを引き出し、そのうえで「1人制にするほうがいい」と子どもたちが思えるのであれば、「C」を行ったうえでの「A」だと言えます。逆に、そうしたやりとりがなく、教師が一方的に、「日直さんは1人制でいきましょう」と言って決めたならば、「C」は存在しません。

これは日直の仕方にとどまるものではなく、学校生活におけるあらゆる行動が当てはまります。つまり、子どもの意志が介在されない限り、どのような活動もPDターンになってしまうということです。

授業でもそうです。

授業開始の合図の仕方にはじまり、発言の仕方しかり、ノートの取り方しかり、提出物の出し方しかり、まとめや振り返りの仕方などすべてに当てはまります。

子どもの考えを聞き、その考えをもとにして（限度はありますが、可能な限り）**一つ一つの行動を「どうするのがよいか」について、子どもと一緒に決めていく**（子どもの意志を介在させる）**ことができてはじめて、子どもは自分の行為を肯定的に受け止め、学習に対して主体的になる**のです。これは、学習者主体の授業をつくるうえで欠かせません。

担任が作成する指導計画にPDCA思考をもち込む

担任が作成する指導計画においては、各教科等の系統性なども意識しながら全教科の教育内容を見通し、整合性のある適切な計画にしなければならないため、とても神経を使います。私自身、いつも頭を悩ませられます。

それだけに（精緻化された構造となっているために）、年度途中で「C」をもち込むことはむずかしいと考える方は多いと思います。以前は私もその一人でした。しかしいまでは、発想次第なのではないかと考えるようになりました。端的に言えば、年間指導計画に探究サイクルを組み込むという発想です。

ご存じのように探究サイクルは、「課題の設定」→「情報の収集」→「整理・分析」→「まとめ・表現」というサイクルをらせん状に回しながらより高次の活動を展開していく学習方法論です。この考え方を年間指導計画にもち込み、年間という大きなくくりとしてのPDCAのなかに、細かなPDCAサイクルを入れ子にして回していくわけです。

このような考え方であれば、計画そのものを根本からつくり直す（刷新する）のではなく、適宜手を加えながら微調整していくといった改善を図れるようになると思います。

その一例として挙げたいのが、「マルチユニット型道徳学習モデル」です。その提唱者である田沼茂紀教授（國學院大學）は「学習者目線で授業構想するために道徳科のみならず、各教科等全てを総動員した学校の教育課程全体でカリキュラム・マネジメントを実施することで成立する道徳学習」であると説明しています。

そもそも「道徳科は、各教科、外国語活動、総合的な学習の時間及び特別活動など学校の教育活動全体を通じて行われる道徳教育の要としての役割を担っている」（『小学校学習指導要領解説　特別の教科　道徳編』）と説明されているとおり、どの教科等ともかかわりをもちます。この教科としての特質を鑑みれば、道徳教育を軸としてカリキュラムを柔軟にマネジメントできるのではないか（PDCA思考をもち込めるのではないか）と考えたわけです。

さて、（本章の冒頭でも取り上げたとおり）1学期早々に宿泊学習を行う年がありました。その際、子どもたちと話し合い、宿泊学習のめあては「みんなで協力して学年の絆を深めよう！」に決まったのですが、このめあてを深掘りするために道徳科の授業との関連づけを行いました。

私の学級では、子どもたちにわかりやすくまとめた「内容項目表」を教室掲示していて、それを指しながら、「協力したり、絆を深めるためには、どんな心が大切だと思う？」と問いかけました。すると、子どもたちからこんな発言がありました。

「やっぱり『友情、信頼』だと思う。学年の友情とか信頼を深めることが大切だから」

「『集団生活の充実』っていうのもあるよ。まさにって感じじゃない？」

「ぼくは『礼儀』が必要だと思う。親しきなかにも礼儀ありって言うし。宿泊学習でもそれが絆につながる気がする」

こうした発言を引き取って、「みんなが発言してくれたことを言葉にまとめることはできそう？」と問いました。

「なんとなくならできるかも」

「友達と仲よくするってことだと思う」

「いや、友情だから助け合うこととかもじゃない？」

それに対して、さらに問い返しを行います。

「みんなが言いたいことはなんとなくわかるけど、いまの考えのままで宿泊学習でもみんなで協力して絆を深められそう？」

すると、子どもたちのほうから「ちゃんと話し合いたい」という声が多数上がったのを見取り、「だったら、道徳の授業で話し合おうか」ともちかけ、どの内容項目に基づいて議論するかを決めました。

選定された内容項目は、「第1時：礼儀」「第2時：友情、信頼」「第3時：よりよい学校生活・集団生活の充実」です。

そもそも道徳科授業に既定の単元は存在しませんが、パッケージ型ユニット形式を取り入れることによって、大きなくくりとなるテーマ（このときのテーマは「みんなで協力して絆を深めよう」）に内容項目を紐づけることで、ショート単元を構成できるようになります。これは、1話完結型のドラマのような「1時間話し合ったら、そこで終わり」ではなく、連続ドラマのように複数の時間で議論を橋渡ししながら、個々に納得解を得られるように考えを深めていける点に特徴があります。

ちなみに、この3時間構成の道徳科授業は、当初の指導計画で予定していたものではありません。指導計画上は、年間35時間の道徳科授業を設定しておきながらも、どの時間にどの内容項目とするのかをカッチリ決めず（暫定案として設定するにとどめ）、子どもたちとともに「どんなことについて話し合いたいか」と考えながら柔軟に割り当てていきます。それと並行して（高学年であれば）22項目ある内容項目についてバランスよく話し合えるよう、ユニットごとにつど調整します。

こうした方法であれば、年度途中の計画変更も無理なく行うことが可能となります。のみならず、ユニットごとに「子どもは自分の学びを深められたか」「さらに充実するための課題はなにか」といった視点で授業をリフレクションし（「C」を行い）、次の授業をアップデートする（「A」を行う）ことができるようになります。つまり、年度当初に決めたことを1年を通じて決めたとおりに行うPDターンから抜け出せるということです。

加えて、道徳科授業で話し合い、考え、学ぶことによって、宿泊学習に臨む意識を高められるわけですから、特別活動の充実にもつながります。つまり、横断的な学習にもなるということです。このように考えれば、カリキュラム・マネジメントの側面の一つを実現しているといえるのではないでしょうか。

各教科等の教育内容を相互の関係で捉え、学校教育目標を踏まえた教科等横断的な視点で、その目標の達成に必要な教育の内容を組織的に配列していくこと。

＊中央教育審議会答申「幼稚園、小学校、中学校、高等学校及び特別支援学校の学習指導要領等の改善及び必要な方策等について」平成28年

ただし、一般的なとらえとは少し異なる点があります。それは、事前の計画においてしっかり教育内容を組織的に配列しておくわけではなく、結果的に配列されるということです。

もちろん、すべての教科等のすべての授業において、右に挙げた学習をつくることは現実的ではありません。通常は指導計画どおりに授業を行いつつ、子どもの学びに必要だと感じたときに対応できるような柔軟な指導計画にしておくので十分だと思います。

子どもにとっての真の学び

休日に街をぶらついているときに目に入った広告ポスターやイラスト、アニメや漫画のワンシーン、映画やドラマなどをたのしんでいるとき、不意にひらめくことがあります。〝おっ、これは授業でも使えそう！〟〝子どもたちに話したら学級の雰囲気がもっとよくなるかも！〟と。

といっても、「自分たちは24時間教師だ」「プライベートの時間も教材研究だ」「常に教師としてのアンテナを張っていれば、仕事で使えることが見つかるはずだ」などと意識しているわけではまったくありません。

たとえば、子どもたちが下校した放課後、職員室の机に向かって〝A先生からもらったアイディアを授業に生かすとしたらどうすればいいだろう〟などといくら頭を悩ましていても思いつかなかったことが、帰宅途中に買い物をしているときや自宅のトイレで用を足しているときなどに思いつくことがあります。こうしたひらめきに意識を向けてもいいんじゃないかということです。

もちろん、教材研究をはじめとする授業準備は、課題に正対して頭と体を動かさなければどうにもならないので、ひらめき任せでいいと考えているわけではありません。

ただ、いつの日か実現してみたいと思っているようなことであれば、机に向かっていくら考えをめぐらしていてもむずかしく、いったんその話題から距離を置く（場合によっては、その話題を忘れて偶発性に身を任せてしまう）くらいのほうが、かえっていいアイディアが浮かぶように思うのです。

こうしたことを、子どもたちの学習に置き換えると、どんなことが言えるでしょう。

たとえば、道徳科授業での話し合い。子どもたちはときに笑いを交えながら、ときに真剣な表情で自分が考えたことを話したりクラスメイトの話を聞いたりしながら、内容項目に対する自分の考えを深めていきます。

しかし、「友情、信頼」（内容項目）一つとっても、子どもたちは授業のなかでのみ考えをめぐらせているわけではありません。むしろ、日常のなかで感じ考えたり、悩んだり迷ったりすることのほうが圧倒的に多いはずです。つまり、どの子もそうした経験をもっているからこそ、道徳科授業での対話が成立するのです。

要するに、（少なくとも、道徳科授業においては）子どもにとって日常こそがメインで、授業はあくまでもサブにすぎず、学習から離れたところにこそ、彼らにとっての真の学びがあり、学習はあくまでもそれを補完するものなのではないかという考えにいたったのです。

各教科等を横断して学ぶマルチユニット型の総合的な学習の時間の実践

私の現在の勤務校では「自ら学びを拓く子」を研究テーマに据え、「総合的な学習の時間」（以下「総合」という）において学習者主体の授業づくりに努めています。大まかな流れは次のとおりです。

①昨年度に活動してきたことや、身のまわりにある材をもとにして課題を設定する。
②課題解決のゴールの姿を考える。
③ゴールに向けて、年間の学習の見通しを立てる。
④年間で分けたいくつかの小単元ごとに学習を進める。
⑤学習を進めるなかで新たな課題が生じた場合には、そのつど軌道修正する。
⑥年度末に課題解決の姿を見つめ、年間を通じた学習を振り返る。

本校に異動してきた当初、総合が専門ではなかった私は、周囲の先生方の研究実績を参考にさせてもらいながら最初の1年をなんとか乗り切りました。その過程で、私のなかで次に挙げる欲求が湧いてきました。

「もっと横断的・総合的に学べる環境をつくれないだろうか」

そう思うようになったのは、次にあげる三つの伸びしろを感じたからです。

- 「本校の『魅力』を伝える」活動を行うに当たっては、そもそも本校にはどのような魅力があるのかといった情報だけでなく、「魅力とはなにか」という視点から深掘りするといった方法も考えられるのではないか。そのためにたとえば、道徳科の授業（内容項目「伝統や文化の尊重」）で取り上げ、子どもたち同士で対話することもできるはずだ。
- 全校やかかわった人たちを招くために招待状やプレゼン資料を作成したが、その際に他教科との関連をもっと考えてもよいのではないか。たとえば、国語科における提案の仕方や案内の書き方について学ぶ単元と関連づければ、総合での活動をより充実できるだけでなく、「国語で学んだことが（総合で）使えた」という学びの手応えを感じられるようになるはずだ。
- 総合では、子どもたち同士で絶えず話し合いを繰り返していたが、話し合い方そのものは、総合で学ぶものではない。そうであれば、学級活動などで学んだスキルをより生かせるようにもっと意識づけるようにするほうがよいのではないか。

実際、前年度の私は、総合の時間だけですべての課題解決を図ろうとしていて、後手にまわってしまうことがたびたびありました。

そこで次の年に試みたのが、マルチユニット型の考え方を取り入れた学習です。大きく変更した点は次の2点です。

①材を決め、課題を設定した後の活動について、関連づけられそうな他教科の学習内容を整理する。

②1年間の見通しを立てた後、「課題解決に向けて、どのような学習を積んでおくことが必要となるか」について子どもたちが対話する時間を設定する。

①については、材や課題に関連する他教科の単元を結んでいくイメージです。

②については、総合の課題解決を図るために必要となる力をつけるためには、他教科等でどのような内容を学習する必要があるのかについて話し合う時間を設定するということです。計画ができたら、各授業後にはテーマ課題に対して振り返りを行います。

ここでは、総合においてよりよい課題解決を図るために道徳科の授業と関連づけた実践の概要（6時間分）を紹介します（第3章で「失敗」について取り上げたのと同じ実践です）。

■実践1

［教科等］総合的な学習の時間

［テーマ］だれもが幸せになれる社会づくり

［活動内容］だれもが幸せになれる社会づくりに向けて、できることを考えてみよう。

［子どもたちの主な発言内容］

●どんな人でもたのしめるためには、困っている人を知る必要がある。

●困っている人にはどんな人がいるかを調べたり、考えたりしたい。

●その人たちが困らずにできる・たのしめることを増やしていきたい。

●去年スポーツを扱ったから、だれでもできるスポーツを考えたい。

●遊びも考えられそう。目が見えない人とか、走るのが苦手な人でもできるやつ。

●学習もできると思う。書くとか話すのが苦手な人もいるし。

●食もアレルギーとか文化の違いとかで困っているかもしれない。なにかできそう。

●次はグループに分かれて、それぞれのテーマに対して困り感がありそうな人を整理する。そして、その人たちがたのしめる方法を考えて実践していく。

■実践2

［教科等］総合的な学習の時間

［テーマ］だれもが幸せになれる社会づくり

［活動内容］解決に向けて、深めたい心情を考えよう。

［教師の発問と子どもたちの主な発言内容］

「だれもが幸せになれる社会のために、できることは整理できたね。実践は決まったけど、そうなるためには、どんな気持ちが大切なんだと思う？」

●困っている人の気持ちになって考えること。

●思いやりの気持ちをもって取り組むこと。

●親切心をもつことが大切。

「やってあげるって気持ちが大切？」

●うーん、してあげるっていう感じではないかも。

●なんか道徳みたいになってきた。

「そしたらさ、道徳で少し考えてみようか」

●あーたしかに。必要かも。

●いろいろな気持ちが大切そうだよね。

「道徳で考える心の表を配るので、必要だと思う項目を理由込みで選んでみてくれる？」

●「親切、思いやり」について考えたい。やっぱり思いやりをもつことがみんなの笑顔になると思うから。

●「感動、畏敬の念」っていうのもよさそう。だれでも感動できるようなヒントを考えれば、笑顔につながりそう。

●ベートーベンって話があったよね。耳が聞こえなくなってもがんばった話。「希望と勇気」について話し合ってみてもいいかも。

＊いくつかの内容項目が出た後、子どもたちで合意形成し、３つに絞る。

「じゃあ、次からの道徳の授業で、総合のテーマに対する理解や思いを深めるために学習していこう。最初の１時間は「公正、公平、社会正義」、次の１時間は「親切、思いやり」、最後の１時間は「個性の伸長」ね。

＊３時間構成のユニットを組む。

■実践3

［教科等］道徳

［内容項目］公正、公平、社会正義

［活動内容］公正、公平な社会づくりについて話し合おう。

［教師の発問と子どもたちの主な発言内容］

「公平ってどういうことだろう」

●だれもが平等にいられること。

●みんな同じでいること。

●差別がないこと。

「差別って、たとえばどういうことかな？」

●国とか文化とか。人種差別とか聞いたことある。

「差別はよくないってみんな思っているはずだよね。それなのに、どうしてなくならないんだろう。今日のお話もそんな内容です。公平な社会づくりに向けて、みんなで考えてみよう」

＊教材「だれもが幸せになれる社会を」を範読する。

●ハンセン病の人たちはすごくつらかったと思う。

●ホテルに断られるとか差別そのもの。

●隔離とかも本当にひどい。

●人権を無視しているよ。

●同じホテルに泊まりたくないって言っている人たちもひどい。

「公平とは真逆だよね。どうしてそうなっちゃうんだろうね」

●ハンセン病は治るし、基本的にはうつらないっていう情報を知らないから。

●正しい知識をもっていないからだよね。

「でも新聞でみんなに伝わったんじゃないの？」

●それでも知らなかった人がいたんだと思う。

●信じきれずに、差別をつづけた人がいたから。

●少しでもそういう人がいると、差別はなくならないんだと思う。

「公平な社会にしていくためには、なにが大切なんだろう」

●まずは、正しい知識をもつこと。

●ハンセン病とか、人種による差別をなくしていくこと。

●それぞれの人権をちゃんと守ること。

●一人一人認め合っていくこと。

「総合で解決を図ろうとしている課題は『だれもが幸せな社会づくり』だったね。今日みんなで話し合った『公正、公平』の視点からどんなことが考えられるか振り返りを書こう」

＊振り返りシートに記入する。以下は、ある子の振り返り。

●一人一人を尊重し、認め合っていく社会づくりが大切だと学んだ。それが、だれもが幸せと感じるための第一歩だと思う。

■実践4

［教科等］道徳

［内容項目］親切、思いやり

［活動内容］だれもが幸せになるために、親切にはなにが大切かについて話し合おう。

［教師の発問と子どもたちの主な発言内容］

「では、今日は総合のテーマに向けて、課題は『だれもが幸せになるために、親切にはなにが大切か』だったね。授業を通して考えてみよう」

●親切については、前に一度学習した気がする。

●自分も相手も、お互いのことを思いやるってことだった。

●思いやりに近いんだったよね。

＊教材「ノンステップバスでのできごと」を範読する。

●車いすの人に手伝ってあげていたのが優しい。

●親切な行いだよね。

●周りで文句を言っていた人はひどい。

●急いでいたから、気持ちはわかるけど。車いすの人もわざとじゃないし。

●手伝ってくれたおじさんの「バスに乗るのは当たり前」っていうのがいい。

「どうしてそう思うの？」

●車いすの人だから、やってあげなきゃっていうわけじゃないなって。

●私も同じこと思った。してあげるじゃなくて、それが普通なんだと思う。

「普通？」

●今日の課題の答えみたいになっちゃうんだけど、だれもが幸せっていうのは、幸せになるためにしてあげるんじゃなくて、そもそもみんな普通にできる状態をつくることなんだと思う。

●あーたしかに。なんかすごい納得。

＊「あーたしかに」と口にした子の納得感は全体に波及し、共通解となった。

「総合で解決を図ろうとしている課題は『だれもが幸せな社会づくり』だったね。今日みんなで話し合った『親切』の視点からどんなことが考えられるか振り返りを書こう」

＊振り返りシートに記入する。以下は、ある子の振り返り。

●総合でも、「してあげるではなくて、普通という状態」を意識することが大事だとわかった。

次は、「個性」について考える時間だ。

■実践5

［教科等］道徳

［内容項目］個性の伸長

［活動内容］だれもが幸せになるために、個性をどう考えるかについて話し合おう。

［教師の発問と子どもたちの主な発言内容］

「今日は個性の視点からだったね。でも、前回でかなり答えが見えてきたよね」

●「してあげる」じゃないんだなって思った。

●困っている人を助けるんだけど、その人たちが普通にできるって感じにしたい。

「今日みんなと考える『個性』ってなんだろうね」

●その人らしさとか。その人のよさだと思う。

●一人一人違うよさのこと。

「それが、だれもが幸せになれるかどうかにかかわってくるんだね。お話を通して考えてみよう」

＊教材「感動したこと、それがぼくの作品～パブロ・ピカソ」を範読する。

●ピカソも苦労があったんだなぁ。

●ピカソの言うとおり、人に言われたことをやらされていたら、個性がだめになる。

●自分の好きなことをやりつづけることは、個性を大切にすることだと思う。

●自分が感動したことが作品っていうのがかっこよかった。

●だから個性が出たんだよね。

●そのよさが伝わったから、作品も人気が出たんだと思う。

「だれかに言われたことをするのは個性が出ない？　親切のときも『される・してあげる』は違うって言ってたよね」

●だれかにやらされるのだと、その人はたのしくない。

●あーだから、してあげるって感じで、用意するのは違うってことじゃない？

「ピカソさんはさ、絵を描くっていう好きなことができたからよかったよね。絵を描けない環境だったら個性は発揮されなかったのかな」

●うーん。でもこういうすごい人はなにかで発揮しそう。

●自分にできることでがんばっていたと思う。

「もし絵が描けない人がいても、個性を発揮するには問題ないってことだね」

●いや、そうじゃないと思います。

●できることが多いほうが、チャンスが広がると思う。

「チャンスが広がる？」

●好きなことの種類が広がる。

●だから、自分の個性が発揮できるものが増える。

●そういう意味でチャンスが増える。

「なんか、みんなの総合でできることにつながってきそう」

●できることを増やすことは、個性にもつながるってことだ。

●だれもが幸せにつながるよ。

●いろんな人の個性を大切にするために、いろんな人ができるプロジェクトが必要だと思う。

＊共通解としてまとめる。

「総合で解決を図ろうとしている課題は『だれもが幸せな社会づくり』だったね。今日みんなで話し合った『個性』の視点からどんなことが考えられるか振り返りを書こう」

＊振り返りシートに記入する。以下は、ある子の振り返り。

●足が不自由な人、目が見えない人、なにかで困っている人たちに、自分たちもなにかしてあげられないか。そんな気持ちから、してあげるんじゃなくて、みんなが普通に一緒になれる環境をつくる意識が大切だと気がついた。そして、それは一人一人の個性の可能性を広げることであると思った。みんなと話し合ったことを総合でも生かしたい。

■実践6

［教科等］総合的な学習の時間
［テーマ］だれもが幸せになれる社会づくり
［活動内容］どんなプロジェクトを実践するかについて考えよう。
［教師の発問と子どもたちの主な発言内容］

「今日は、これから1年かけてどんなプロジェクトにしていくか、各グループで準備を進めていこうと思います。どんなことを大切にするか、道徳科の授業で学んだことを思い出しながら考えてみよう」

- 目的から逸れない。だれもが幸せになるっていうことを意識する。
- ただのおたのしみ会にならないようにする。
- できない人が出ないような内容を考える。

「道徳のときに、『してあげる』はどうのこうのって言ってたけど…」

- 目が見えない人のために…。じゃなくて、その人でもたのしめる内容をつくる。
- 「その人たちだけが」じゃなくて、その人たちも含めてだれもがたのしめる内容。

●自分たち自身もたのしめるような活動にする。

「だれか特定の人だけがたのしめるんじゃなくて、その人たちもたのしめるってことだね。では、今日はそのことを意識して、プロジェクトについて考えていこう」

＊各グループの話し合いがはじまる。

○スポーツグループ

ボッチャというスポーツを、目が見えなかったり、耳が聞こえなかったり、投げるのが苦手な人でもたのしめるように改良していきたい。

○食グループ

栄養士さんから、主なアレルギー品目を聞いて、だれでもおいしくたのしく食べられるメニューや献立を考えていきたい。

○学びグループ

目が見えない人や耳が聞こえない人。身近なところだと、考えるのが苦手な人や書くのが苦手な人でも、たのしく学べる方法や環境をつくりたい。

○自然体験グループ

外に出るのがむずかしい人でも、自然を身近に感じてたのしめる企画を考えたい。

○あそびグループ

手先が不自由な人でもたのしめる魚釣りゲーム。どんな人でも平等にたのしめる遊びを考えたい。

「おおよそ、グループごとにどんな活動にしたいかアイディアが出てきたね。次回からは、プロジェクトに進めるために必要な情報を集めたり、詳しい人に聞いてみたりするというのはどう？」

●いいと思います。

ここまで紹介してきたのは、総合に道徳科を関連づける実践でしたが、マルチユニット型の学習は道徳に限定されるものではありません。

国語科の授業であれば単元「提案しよう、言葉とわたしたち」などと関連づけ、総合でプレゼン資料を作成する際のノウハウを学ぶ機会にしたり、学級活動と関連づけて自分たちの活動に招いた人たちをたのしませるおたのしみ会を企画したりするなど、（時間的な制約や教科等ごとの単元配列の関係上困難なこともありますが）発想・工夫次第です。

ただし、誤解してはならないことがあります。それは、総合のための道徳、総合のための国語であってはいけないということです。どのような関連づけであっても、それぞれの活動が「各教科等の特質を踏まえ、当該教科等の目標の実現に資する」ものではなければならないということですね。この点への配慮と創意工夫がむずかしさでもあり、おもしろさでもあると思います。

いずれにしても、教科特性を存分に生かし、子どもたちの学びが相互補完的に深まることが理想です。もしそのようにできれば、次に挙げることが絵空事ではなく、本当に実現すると思います。

自分たちは「なにを学びたいのか」「どのように学ぶのか」「学ぶことにどんな意味があるのか」といった、子どもたちにとっての学ぶ必然性が生まれる。

ぜひそうなるよう、私はこれからも、教師としての振る舞いを考えながら、柔軟な思考でいろいろなことにチャレンジしていきたいと考えています。

おわりに──ＡＩ時代だからこそ重要性を増す教師のパーソナリティ

現代では、目まぐるしいスピードで情報化社会が進んでいます。買い物一つとっても、ネットショッピングで事足りるし、お店に出向いてもセルフレジで会計を済ませることができます。飲食店でもタブレット端末で注文できてしまうなど、対面で人と直接やりとりする機会は確実に減ってきています。「近い未来になくなってしまう職業リスト」が話題になる時代です。

それは、教育の世界も例外ではありません。

予備校などでは、集録した講義をオンラインで視聴しながら学習するといったスタイルも特別なことではなくなりました。公教育の現場でも、コロナ禍を契機としてオンラインで学習できる環境も整備されています。

それでもなお、私たち教師と子どもは、学校というリアルな場に集まり、対面で共に学びつづけています。このような姿は、現代社会では非効率で時代遅れなのでしょうか。言うまでもなく、私はそう思いません。

なぜなら公教育は、「先行き不透明だと言われる時代を生きる子どもを育てる場」だからです。そのためにどうしても欠かせないのが、人や物事と直接的にふれ合える実体験、の蓄積です。どれだけＩＣＴ技術を駆使しても（メタ空間上で疑似体験を得ることは可能だとしても）これればかりは得ることはできません。

独学であっても、さまざまな考え方・技術を学ぶことはできます。実社会で通用する専門性も高めることができるでしょう。しかし、それだけでは人生を豊かに生きていくことはできません。なぜなら、私たちは社会的な生き物だからです。そうである以上、なんらかの形で社会（家族、友達、企業を含むさまざまな集団）のなかで生きていく術を身につけていかなければなりません。それを底支えするのが学校教育です。

学校は個人として学ぶ場であるとともに、（自分とは異なる個性をもった多様な）他者と学び合う場です。そこには、協働することでしか得られない学びがあります。学校はそうした実体験を蓄積する場であり、子どもたちの実体験をつなぐのが私たち教師です。

そのような存在である私たちが、いまこそ改めて目を向けるべきだと考えるのが教師としてのパーソナリティです。

本書の冒頭では「いい授業をそのまままねをしてもうまくいかないのはなぜか」について語りました。その答えの一つに挙げられるのが、教師の振る舞いにあることを。

この振る舞いに唯一無二の正解はありません。教師としてのパーソナリティが強く関与するからです。ということはつまり、「教師としての自分はどのようなパーソナリティをもっているのか」を明らかにすることができれば、目の前の子どもたちの成長を実存的に後押しする望ましい振る舞いの姿が見えてくるということです。これは、どれだけＡＩが進化しようとも、代替できるものではないと私は考えています。

ChatGPTにせよ、Canvaにせよ、次世代の学校教育においては「ＡＩにどう対応するか」といった視点ではなく、「ＡＩを活用して子どもの学びをいかに充実するか」といった視点で有効な活用方法を考え、学習活動に取り込んでいく賢明さが必要になると思います。

そうできれば、書くのが苦手な子が文章やレポートをつくれるようになる、視覚伝達が苦手な子がわかりやすいレイアウトで新聞をつくれるようになるといった、子どもの活動の幅を広げてくれるはずです。

そのためにも、「子どもにいかに教えるか」という発想から、「子ども自身がいかに学べるようにするか」という発想にパラダイムをシフトさせることが欠かせないと思います。

このように考えると、ＩＣＴ活用は「できる子がよりできるようになる」といった伸びしろよりも、「いままでまったくできなかった子ができるようになる可能性が広がる」といった、いわば学級全体の学びを底上げする伸びしろのほうが大きいと言えるのではないでしょうか。

＊

何ごとも飽きっぽい私ですが、教師という仕事をつづけていられているのも、常に状況が刻一刻と変化しつづける仕事だからなのではないかと思います。

一見すると、毎年同じようなことを同じようにやっているように見えて、実は同じことなどどこにも存在しない。毎年のように受けもつ子どもは変わるし、日々成長している（絶えず変化しつづける）存在が私たち教師の仕事相手だからです。そんな不確実性や非再現性に富んだ職場です。

授業一つとってもそう。若気の至りで行った授業が子どもの心に響くこともあるし、自他共に認めるベテラン教師だからといって、どの授業でもうまくいくとは限りません。あるいは、ある学校ではうまくいっていたことが、異動した途端にまったく通用しない現実を思い知らされることもあります。

このような不確実性や非再現性は、（私を含めて）教師を不安にさせます。しかし、裏を返せば、どのような場であっても、どのようなときであっても常に、なんらかの可能性と伸びしろが隠れているとも言えるように思うのです。

そう考える私が、たった一つだけ普遍的に願っていることがあります。それは、「毎年、全校の子どもたちが確実に安心して学校生活を過ごせるようにしたい」ということ。

うまくいく年もあれば、まったくうまくいかない年もあります。うまくいった年であっても、１００点満点にはほど遠く、及第点に届かせるのが精一杯ということもあります。それでも、教師としての自分の振る舞いを常にリフレクションし、子どもたちにとって望ましい教師行動となるように努めています。

本書で語ってきたことが、少しでも読者のみなさまのお役に立てたらうれしく思います。

本書の制作にあたり、東洋館出版社の高木聡氏には、企画から刊行まで多大なるお力添えをいただきました。心より感謝申し上げます。

最後に、本校の黒岩由貴子校長をはじめ、教育実践にかかわっていただいた旭小学校、横山小学校の先生方、市内同僚の先生方、本校の子どもたちと保護者のみなさま、そして、日ごろよりご指導いただいている日本道徳教育学会および神奈川支部のみなさまに厚くお礼を申し上げ、筆を置きたいと思います。

ありがとうございました。

令和6年5月吉日　相模原市立旭小学校教諭　田屋　裕貴

田屋 裕貴（たや・ゆうき）

相模原市立旭小学校教諭

1993 年神奈川県相模原市生まれ。2016 年より教職に就く。現在、相模原市内の小学校に勤務。
「日本道徳教育学会神奈川支部」「日本道徳科教育学研究学会」に役員として所属。特別活動主任、情報教育主任、校内研究主任を経験し、現在は道徳教育推進教師として市教研や学会を通じて全国に向けて研究推進に励む。探求（究）型マルチユニット学習、学習アプリ「ミライシード」を活用した学習者主体の学習について現在研究中。

教師行動力

振る舞いひとつで、
子どもの反応は大きく変わる！

2024（令和6）年6月7日　初版第1刷発行

著　者　田屋裕貴
発行者　錦織圭之介
発行所　株式会社　東洋館出版社
〒101-0054　東京都千代田区神田錦町2-9-1
コンフォール安田ビル2階
代　表　TEL 03-6778-4343
営業部　TEL 03-6778-7278
振替　00180-7-96823
URL　https://www.toyokan.co.jp
装　幀　中濱健治
印刷·製本　藤原印刷株式会社

ISBN978-4-491-05439-1　Printed in Japan